丛书编委会

总　策　划： 来新国　王文成

编委会主任： 郭齐勇　周晓亮

编　　　委： 来新国　陈知涯　张　彧　尹格韬　沈　众

　　　　　　　王文成　孟淑贤　周长志　罗养毅　秦　丹

　　　　　　　乌　琛

大家精要

陆修静

王顺娣 著

Lu Xiujing

陕西师范大学出版总社

图书代号 SK17N0230

图书在版编目(CIP)数据

陆修静／王顺娣著. —西安：陕西师范大学出版总社
有限公司，2017.5（2024.1重印）
（大家精要）
ISBN 978-7-5613-8969-0

Ⅰ.①陆… Ⅱ.①王… Ⅲ.①陆修静（406—477）—
传记 Ⅳ.①B959.92

中国版本图书馆CIP数据核字（2017）第068295号

陆修静 LU XIUJING

王顺娣 著

责任编辑	陈柳冬雪	
责任校对	王淑燕	
特约编辑	仲济云	
封面设计	张潇伊	
出版发行	陕西师范大学出版总社	
	（西安市长安南路199号 邮编 710062）	
网 址	http://www.snupg.com	
印 制	永清县晔盛亚胶印有限公司	
开 本	650 mm×930 mm 1/16	
印 张	10	
字 数	100千	
版 次	2017年5月第1版	
印 次	2024年1月第2次印刷	
书 号	ISBN 978-7-5613-8969-0	
定 价	45.00元	

读者购书、书店添货或发现印刷装订问题，请与本公司销售部联系、调换。

电话：（029）85303879 传真：（029）85307864 85303629

目　录

第 1 章

道名初显

一、陆凯之后

儒学道士的家学渊源

陆修静，字元德，东晋义熙二年（406）生于浙江湖州的东迁镇。从他的名和字中可见这个家庭浓厚的仙道气息。陆修静的父亲陆琳，心仪于方外之业，曾多次拒绝过朝廷的封职，无意于官场仕途，死后被封为"高道处士"。

提及陆修静的祖先，现存史籍资料都强调他是三国名臣陆凯的后代。陆凯，字敬风，吴郡吴县（今江苏苏州）人。陆修静的出生地浙江湖州古属吴兴郡，吴兴郡是在孙吴宝鼎元年（266）由吴郡和丹阳郡划分而来的。因此有些史书甚至直称陆修静为吴郡道士。

陆氏家族从陆凯的族叔陆逊开始便已相当显赫。陆逊，本名陆议，字伯言，三国名将。吴王孙权称帝后，被任命为左丞相，在三国前期曾多次率领吴国军队抵御北方的魏国及西方的蜀汉，建立起赫赫战功，其家族也渐至兴盛，成为江东大士族之一。据统计，当时的江东大士族共有十九姓，其中顾、陆、朱、张四氏在东吴时多出名臣，家族鼎盛，位列江东士族之冠。至陆凯时陆氏家族已达到空前的鼎盛。据《世说新语》载，三国时的孙吴末帝孙皓有一次向陆凯问起他们陆氏一宗在朝中做官的有多少人？陆凯回答说："两个丞相，五个侯爵，十几个将军。"这令孙皓也不由感叹："真是繁盛的家族呀！"而陆氏之盛，又不止三国之间，一直延续到了陈，可以说是贯穿三国魏晋六朝。因此，陆修静作为陆氏之后，史书上说他家是吴兴懿族、代为著姓、家本奥室，家庭境况自是不错的。

作为名门望族的后代，陆修静继承的不仅是政治、经济方面的家业资本，更重要的还有其家族文化传统。陆氏家族是江东士族的代表，文化学术水准颇高，有着深厚的文化基础。而就其家族文化传统而言，即是崇尚儒学传统。陆凯的族叔陆逊虽以武事著称，却也是一名温文尔雅的儒生，才华博学，常以"书生"自称。陆逊的叔叔陆绩幼笃《诗》《书》，长玩《礼》《易》，精通天文历法，在当时就风声流传，远近闻名。陆凯自己也深爱象数易学，好读《太玄》，手不释卷，常用蓍草及龟甲占卜吉凶，总能得到证验，与陆绩的学风一致。其他又如陆机（陆逊之孙）服膺儒术，作《五等论》，为封建的五等爵位制辩护，以此阐述儒家的政治理想。他在专门探讨文学创作问题的名篇《文赋》中，也不忘提倡先贤圣人美好的儒家道德修养。由此表明，陆氏家族学术文化传统的核心内容便是儒学。及至陆修静时，虽然其父已转致道教的修炼，但对儒学的研习却已是一种家风家学的沿承。所以，陆修静从小就修习儒家经典文籍，诸如三坟（指伏羲、神农、黄帝之书）、五典（指少昊、颛顼、高辛、唐、虞之书）、八索（八卦之说）及谶纬之学等，莫不通晓，建立起了深厚的儒学素养和文化水准。年岁稍长，陆修静便凭借家族门第踏入官场仕途，也早早地结婚生子，是一副标准的儒学世家子弟形象。

名门望族的寒微后代

或许是由于陆修静道教大师的重要身份，道教人士总是特别强调他是名门陆氏宗族的家世出身。但实际上，陆氏家族作为一个具有很多支脉的庞大家族，内部情况非常复杂。从孙吴到刘宋，其间世事沧桑剧变，陆氏各支的发展情况已是盛衰杂陈，个个不同。

大致来讲，延承下来的陆氏支脉主要有陆逊、陆凯一支和陆瑁（陆逊之弟）、陆喜一支。两支的发展情况并非一致。具体而言，三国时期，陆逊、陆凯一支极其鼎盛，有很多族人担任军事要职，居于权力核心地位。如陆逊自己是孙策女婿，任东吴大都督、丞相。他的儿子陆抗为大司马、镇军将军、西陵都督等，掌控西陵军事指挥权长达十四年。陆凯为镇西大将军，也升任过丞相，他的弟弟陆胤为西陵督、都亭侯，两个儿子陆祎、陆式也曾封侯当将军；相比之下，陆瑁、陆喜一支则显得逊色些，较为突出的就是陆瑁和他的两个儿子陆喜、陆英，而且他们更加偏重于文义的习染和培养，如陆喜，史书上说他涉文籍、好人伦，曾作《西州清论》。但是由吴入晋，形势却发生了很大改变，陆逊、陆凯一支除了陆机、陆云兄弟较有影响之外，其余则表现平平，尤其是考查陆修静的父亲、祖父等辈，除了父亲陆琳有个"高道处士"的谥号之外，其余均湮没无闻。而陆瑁、陆喜一支在这一时期却出了很多名人，如陆玩（陆英之子）、陆纳（陆英之孙）等人都担任过丞相，地位显赫，家族鼎盛。而且，由宋至陈，其后代都有人担任高官，可以断定，东晋南朝时期陆氏家族的兴盛主要是指陆瑁、陆喜一支，至于陆逊、陆凯一支，则无论在政治还是经济实力上，都已不如往昔，大大衰落了。这还要从陆凯的时候说起。

陆凯为人忠正质直，行事光明磊落，颇具大丈夫气节。当东吴末帝孙皓感叹陆氏宗族强盛的时候，陆凯却回答说："君主贤明，臣子忠心，国家才强盛；父亲慈爱，儿子孝顺，家庭才兴盛。现在国家政荒民弊，有覆亡的危险，我怎么敢说'盛'呢?"陆凯这一番话，不但让我们看到了他心系国家、忠肝赤胆的情怀，同时也感受到了他那敢于直谏的正直品格。陆凯在升任左丞相期间，曾针对孙皓的种种暴政弊端屡次犯颜进谏。但孙皓是个贪图享乐且器度狭小之人，面对陆凯的屡屡直谏，内心无法容忍，只是因为当时陆氏宗族强盛，陆凯又是重臣，难于绳之以法，他的族弟陆抗更时任大将，镇守边疆，所以投鼠忌器，有所惧惮而不敢对其妄加诛杀，只得隐忍未发。等陆凯、陆抗相继去世后，孙皓就将陆凯一家迁徙于建安（今福建），这一变迁无疑严重影响了陆凯后人的政治、社会地位。

紧接而来的西晋灭吴更是整体打击了整个江南大族相对独立发展的进程。

公元 265 年，河内温县（今河南温县西南）人司马炎夺取曹魏政权，建立晋朝，定都洛阳，史称西晋。西晋的统治集团主要由北方世家大族组成，这些人权倾朝野，掌控天下，可谓政权要人。280 年，司马炎进逼建业（今江苏南京），孙皓投降，孙吴灭亡，从此江东士人处于北方政权的统治之下。在中原人看来，吴地不过是一块被征服的落后之地，吴人也不过是一批"亡国之余"，他们自己则是正朔所在，高人一等，加之南北士人由于长期分裂早已产生的对立情绪，因此，江东士人在北方政权统治下备受凌辱和嘲弄。比如陆机、陆云兄弟俩，虽然才学俊异，卓绝超人，然而在入洛求仕时却受尽欺凌。有一次，陆机拜访侍中王济，王济指着面前所吃的羊酪对陆机说："你们江东有什么东西能比得上它？"口气非常轻蔑。陆机当即回答："千里莼羹，未下盐豉。"意思是说江东千里湖的莼羹可以与之媲美，只是眼下没有人知道去加以调味罢了，隐有北人不识货的言外之意。又一次，张华介绍陆氏兄弟去拜见刘道真，刘道真性嗜酒，他对这二位江东最杰出的才俊极不礼貌，别的什么也不说，却只问他们南方的"长柄壶卢"带来了没有，其轻辱之意不言而喻。还有一次，范阳卢志在大庭广众之下竟问陆机："陆逊、陆抗是你的什么亲戚？"古代当着儿子的面直呼他的父亲及祖父的名字是很不礼貌的行为，陆机当即回敬说："那关系就像你同卢毓、卢珽一样！"也直呼卢志祖父和父亲的姓名，弄得卢志下不了台。陆云当时曾劝陆机说：

"他们这里离江东很远，不太了解情况，可以谅解，何必这么针锋相对！"陆机倔强地回答说："我们的父祖名播四海，并非无名之辈，他难道不知道吗？"显然认为卢志是在故意嘲弄，十分愤恨。

面对北方士族高门的言语侮辱以及政权的独揽，江东士人屡有反抗之声，复吴之念更是强烈。早在晋武帝太康元年（280）平定孙吴之后，江南一带就兴起很多童谣，广为流传，如"局缩肉，数横目，中国当败吴当复"。又有"宫门柱，且不朽，吴当复，在三十年后"。还有"鸡鸣不附翼，吴复不用力"等，都表达了复兴孙吴的强烈心声。甚至在江东地区还不断暴发武装反抗。为了稳定江东局势，晋武帝司马炎曾对江东名望、贤才一度采取诸如"轻其赋税""待以异礼"等优厚政策，但都没有从根本上改变江东士人遭受轻视、凌辱践踏的命运，也无法让他们从此顺利进入中央集权，掌握政权。从此，江东士族开始日渐衰落，难复旧盛。就陆逊、陆凯一支的陆氏家族来讲，陆机、陆云虽然最终跻身西晋王朝，陆机后来还被任命为后将军、河北大都督，担当军事要职，似乎显赫一时，但实际上在北人掌权的政治圈里他备受冷落，非常孤寂。而且陆机由于对北人的轻视、侮辱屡有回击，得罪了当时很多的权贵。他与他们积怨很深，甚至萌发辞去官职、退出官场的念头。在多次辞职不果的情形下，陆机率领二十万大军与挟持晋惠帝的长沙王司马乂（yì）大战于鹿苑（今河南偃阳市首阳山镇石桥村一带）。结果陆机的军队大败，尸积如山，河水断流。那些心怀怨恨的官员如卢志、宦官孟玖等趁机向成都王司马颖进谗言，遂使陆机终为司马颖所杀。临终时陆机感叹："家乡华亭的鹤唳，再也听不到了。"死时年仅四十三岁。他的两个儿子陆蔚、陆夏与他同时被害，他的弟弟陆云、陆耽也随后遇害。这对陆家而言几乎是毁灭性的打击。

或许是陆凯后人迁居建安的缘故，陆逊、陆凯后人与陆瑁、陆喜后人虽然仍然保持来往，如西晋时的陆瑁曾孙陆纳，为人清操节俭，铁面无私，就为陆机赞许，称他为官有道；又如刘宋时期陆氏族人的取名均为双名（陆凯一支的是陆修静，陆瑁一支的则有陆仲元、陆子真以及陆慧晓等），一改陆氏宗族取单名的悠久传统。但是不容否认，这些交往仅限于礼节性，其间并没有实质性的帮衬和提携，陆氏各支之间实际上已渐自疏远了。所以我们不难理解，为何当属于陆逊、陆凯一支的陆机一族在遭受灭顶性的打击、迫害时，属于陆瑁、陆喜一支的陆纳一族却能够毫发未损，依然居于高位；也不难理解，为何在两晋南朝保持活跃的陆瑁一支，在史籍记载中竟无一位陆氏人物谈到已经名声显著的陆修静。

当然，在北方大士族占据政治舞台中心的局势下，作为南方大士族代表的陆瑁后人虽然保持活跃，却也无法像孙吴时期的陆逊、陆凯一族那样真正进入权力中枢。陆瑁后人大多遵循他偏于文义的传统，讲究器度、仪表、文章，如陈朝的陆缮，仪表端丽，进退闲雅，以此博得陈文帝的青睐，敕令太子及诸王向其学习，而在武力方面则未见有多大建树，自然也不会得到君王更多的重用和倚任。

316 年，西晋灭亡。次年，司马睿在江南建立东晋王朝，为了改变"吴人不附，居月余，士庶莫有至者"的尴尬，司马睿对江东大族放低姿态，大力拉拢。南人的社会地位与政治待遇因之有了明显的改善，但是，从东晋王朝的总体政治格局来看，其中枢权力始终掌控在侨姓大族的手中，江东大族基本上处于从属地位。据万斯同《东晋将相大臣年表》统计：东晋时期尚书令有十五人，其中北人十二人，南人仅三人；尚书仆射共三十人，南人只占十人；吏部尚书共三十二人，其中北人二十四人，南人仅有八人，南北士人的政权力量对比非常悬殊，可以说，包括江东大族的南人虽然跃进政治舞台，却不过是侨姓士族的政治配角，根本无力进入政治权力核心。江东大族的这种政治从属地位，一直持续到南朝仍无根本改观，加之陆氏家族自东晋门阀政治确立后，专以文义培养子弟，致使其整体的实际政治权力也大大削弱。近代学者李慈铭《越缦堂日记》中指出："六朝重北人而轻南士……王谢袁褚江何诸族，子弟出身，便官秘著，王谢尤甚……而南士高门，如吴郡之陆之顾之张，吴会之沈，会稽之孔，举解得官，不过军府州郡行佐书记，及王国侍郎常侍之属……"如此看来，陆修静虽然早涉宦途，尽管从小饱读经书，满腹经纶，但在门阀体制等级森严的制度下，想来也只是担任一些没有实际权力的闲职而已。

总之，陆修静虽然是名门陆凯之后，但陆氏家族至陆修静时已是庞大的陆氏家族体系中较为寒微的一支了。所以，陆修静虽然早涉婚宦，但一则处于江东大族受侨姓士族严重压制的大背景和陆氏家族政治光芒日渐黯淡的小背景下，其仕途之路不见得有多顺畅；二则也受到道学气息浓厚的家庭氛围的熏陶，更有作为高道榜样的父亲的影响，因而陆修静很早就对仕途功业心生厌倦，从而转致道教。他在后来撰写的道教经典《太上洞玄授度仪》中《次师诵三徒五苦辞》说："吾故及弱龄，弃世以学道。"表明陆修静至迟在二十岁时就开始正式投身道教。他认识到要练形契道，与天地相终始，不是儒家的经术占卜所能达到的，只有修习道教才是正途。而且更重要的是，陆修静意识到，正所谓"羽化在我，道不吾欺"，在道教的事业里，只要自己勤奋修炼，通过后天的努力就可以获得成功，不似政治仕途，纵使才华横溢，也无法跨越门第障碍，大放光彩。陆修静这句话很似东晋道教学者、著名炼丹家、医药学家葛洪《抱朴子》中说的"我命在我不在天"，都充满了对门阀体制的不满和对自己掌控主动权、发言权的渴望。

当然，由于陆氏宗族受儒学文化传统的影响，陆修静不可能完全弃除儒学传统，甚至在他以后的道士生涯里都会带上很浓厚的儒学烙印。有史书说他"常用《中庸》，祖述尧舜，宪章文武"，也就是说，陆修静虽然是一名道士，但他却经常引用《中庸》，歌颂尧、舜、禹、商汤、周文王、武王等古代贤君的业绩，效法他们，可谓援儒入道，成为一名名副其实的儒学道士了。

二、早期致力于天师道的研究

"当为天师"的神话预言

小时候的陆修静天资聪颖。唐人吴筠《简寂先生陆君碑》

中称他"天挺灵骨，幼含雅性"，即说他小时聪明灵异、风采焕然。甚至还有史书说陆修静出生时，长相就异于常人：脚趾有重轮，脚踝有双位，手掌有大字，背上有斗文，非常奇特，简直将陆修静神化了。

更富有传奇色彩的是，据说陆修静的母亲姚氏在怀他的时候，曾经有一位老妇人对她说："若生儿子，将来必居天师之位。"这段富有神奇色彩的话，其真实性已不可查考，但值得注意的是为什么不说是高道、仙人，却单言"天师"？

天师张道陵

在道教传统里，天师是五斗米道创立者张道陵及其后代世袭嗣教者的专称。张道陵，字辅汉，沛国丰邑（今江苏丰县）人，生于东汉光武帝建武十年（34）正月十五日晚上。本名张陵，五斗米道信徒常于人名中加"道"字，故有此称。张道陵的九世祖便是汉初三杰之一的张良。张良曾辅佐刘邦攻打天下，建立两汉王朝，立下赫赫战功，被封为"留侯"。但他生性体弱，素来疾病缠身，功成名就之后便毅然身退，飘然而去，跟随赤松子云游方外。张道陵的父亲张大顺自号"桐柏真人"，也好神仙之术，生下儿子，取名为"陵"，希望将来能追随先祖，远离尘世，修道养精，登陵成仙。据说张道陵的母亲曾经梦见自称魁星下凡的神灵，下地竟高达一丈有余，授其香草，由此感应而怀孕。张道陵诞生那天，有黄云笼罩在房子上，有如日月照耀，紫气弥漫在整个庭院中，飘来阵阵异香，久久不散。

张道陵自幼聪慧非凡。晚出的道教传记《汉天师世家》宣称他七岁时就能通读《老子》，了彻其义，对于河洛图讳、天文地理之书也都博通广记。这似乎是说张道陵很小就修习道学，思想纯粹，一心只奉迎玄门，但实际上他是经过了由儒入道的转变历程的。早先的张道陵曾入太学，博通五经，被举荐"贤良方正直言极谏科"。汉明帝永平二年（59），二十六岁的张道陵担任巴郡江州（今重庆市）县令。为官期间，他看到社会上强权横行、官吏贪赃、百姓困苦等种种黑暗、不公平现象，而自己一介书生、小小县令却无力改变，内心忧闷异常。而且他也越来越深切地认识到为官任职实在无益于强身之道，便想效法先祖张良，脱离尘世，忘却苦痛，善保自身，延年益寿，同时也能了却他父亲的一桩夙愿。于是大约在明帝末年，张道陵便辞职北上，隐居于洛阳北邙山中，潜心修习黄老长生之道。在这里他研读了《道德经》《河图》《洛书》以及谶纬之学。三年后，得《黄帝九鼎丹法》，其道术日益完善，相传曾有神兽白虎衔着符书来到他的座榻旁。此前汉章帝、和帝多次下诏请他出山问政，都被他婉言拒绝。之后，张道陵携弟子王长等人到江西云锦山修炼九天神丹。据说神丹炼成之时山上忽有龙虎隐约闪现，遂将云锦山改名为龙虎山。

为了更加广泛地传播道术，东汉顺帝（126~144）时，张道陵听闻蜀人淳厚，易于教化，且其地多有名山，便带着弟子来到蜀地，在鹤鸣山（一作鹄鸣山，地处今四川成都市大邑县北）炼丹修道。汉安元年（142）五月一日，张道陵自称太上老君亲自下降此地，授予他《三天正法》《正一科术要道法文》

《正一盟威妙经》《三业六通之诀》等经书以及正一盟威之道、禁戒科律等，并封他为天师。《尔雅·释诂下》曰："师，众也。"从"众人"之意，引申至"众人之长"的意义，再引申为"掌握专门知识或技艺可以传授教化众人者"的意义。如《周礼·天官·大宰》之下有"师"，郑玄注为："师，诸侯师氏，有德行以教民者。""天"即"天道"，故古人以"天师"为通晓天道之师。"天师"一词首见于《庄子·徐无鬼》，是说黄帝到具茨山去拜见大隗，路上遇见一位牧马的少年，黄帝便向他询问治理天下之道，少年回答说只需顺其自然即可，黄帝听了叩头至地，口称"天师"而退。可见天师原指自然无为、顺天行道之人，张道陵借用天师一词，意谓自己代天行道，而所行之道正是自然无为、顺其自然之道，故此称为天师道。而且他的天师之名是由"太上老君"亲自指定，是肩负改换人间秩序的神圣使命的，因而具有无上的权威。张道陵又规定凡入道者均须交五斗米作为信米，遂亦有五斗米道之称。

永寿元年（155），张道陵已届一百二十三岁。自知大限将至，他召集本道要职人员，在鹿堂治（今四川绵阳市）举行大会，嘱咐身后之事。张道陵把经箓、印、剑交付他的儿子张衡，说道："之前我有幸蒙受太上老君亲传天师之道，并授以经箓之文，此文能够总领三五步罡，正一枢要。天师之位，以此为据。而今后能继承我的天师之位的，必须是张氏宗族的子孙。"并当众宣布天师之位由张衡承继。此后，张氏宗族子弟凭借这三件信物承传历代天师之位，一直延续未变。

既然天师之位必须由张氏宗族代代相传，而陆修静并非张氏后代，怎么会生出将来高居天师之位的说法呢？这显然和另外一位著名高道——与陆修静大致同时的北魏寇谦之有关。

天师寇谦之

寇谦之原名谦，字辅真，生于前秦建元元年（365），祖籍上谷昌平（今属北京），后迁居冯翊万年（今陕西临潼）。寇氏家庭是关中大族豪家，据说是东汉开国功臣寇恂的后裔。寇谦之的父亲寇修之，官至太守，是氐族苻坚霸业的支持者，他的哥哥寇赞担任过襄邑（今河南睢县）令、魏郡太守等职，后因招抚秦雍流民功绩卓著，晋升为南雍州刺史，晋爵为公，位高权重。寇谦之自己则夙好仙道，有绝俗之心，少年时曾修习张鲁道术，服食饵药，然而历年无效。后来跟随游遁大儒成公兴隐居华山，采食药物不复饥。之后又一同隐居嵩山，修道七年。北魏神瑞二年（415）十月，寇谦之已经五十一岁，他忽然宣称太上老君亲自降临嵩山，授予他"天师之位"，赐经书《云中音诵新科之戒》二十卷，传授导引服气口诀诸法，并令他"清整道教，除去三张伪法"（指张道陵、张衡和张鲁相继领导的天师道及其科禁法令）。从此，寇谦之便以天师自居，开始名正言顺地对天师道进行大刀阔斧的整顿改革。针对"三张伪法"，寇谦之提出了一系列的改革方案，主要有：（一）破除封建宗法性质的道官世袭制度。寇谦之认为天师、祭酒等道官的这种父死子继的世袭制度致使天师道日益荒浊，尤其是那些不肖的子孙，用行颠倒，错乱道法，更会将天师道搞得逆节纵横，腐坏不堪。因此，他在《老君音诵诫经》中说："诸道官祭酒可简贤授明",有贤德者才可担任道官。至于自己的天师之位,同样也是"天道无亲,唯贤是授"。为让世人对他的自居天师更加诚服,他还在《老君音诵诫经》中依托太上老君说,张道陵虽然曾经得到过天师头衔,但不过是承继而已。而且,他由于忍受不了世间的苦难,早已"求乞升天",自动放弃天师职位了。这些自然都是为他自居天师的行为张本。(二)废除旧天师道的租米钱税制度。天师道原来规定凡入道者必须交纳五斗信米,这种做法遭到寇谦之的极力反对,他认为这种剥取金银财帛的做法损害了民众利益,从而予以废除。(三)反对男女合气之术。"合气"是秦汉房中术家通用的术语,天师道的合气之术又称"黄赤之道"。早期道教认为男女交媾是阴阳和合之常,行此术可以"还精补脑",以修长生;反之,若阴阳不交,则会坐致怪病,无益长寿。因此,早期道教都倡导此术。如张道陵创立五斗米道时,曾造作《黄书》,阐明"男女和合之法,三五七九交接之道",将房中术视为重要的修炼方法;葛洪《抱朴子·至理》也说:"凡服药千种,三牲之养,而不知房中之术,亦无益也。"但寇谦之却认为"大道清虚,岂有斯事",主张除去"男女合气之术",从整顿男女关系入手,重建稳定的社会伦理秩序。寇谦之指责天师道信徒妄自相传张道陵所授的黄赤房中之术,致使淫风大行,损辱本道。他宣布要断改黄赤,建立清廉朴素之道。应当说,寇谦之的改革顺应历史潮流,取得了一定成效,他也由此成为北天师道的领袖。

尽管寇谦之早已身入玄门,但治国平天下的雄心壮志却未曾沉眠。北魏泰常八年（423），他又宣称老子玄孙李谱文降临嵩山，亲授《录图真经》六十余卷，赐以劾召鬼神与冶炼金丹等秘法，并郑重嘱托他辅佐北方"太平真君"（即北魏太武帝拓跋焘），解救天下百姓。次年，六十岁的寇谦之出山问政，亲赴北魏首都平城（今山西大同），向太武帝拓跋焘敬献道书，宣扬道法。但一开始寇谦之并未受到重视，他被安排到早已失宠的仙人博士张曜那里。后经相州刺史、左光禄大夫崔浩上书赞明其事之后，太武帝才欣然接受了寇谦之的道书，开始崇奉天师，显扬新法，宣布天下，致使道业大行。太武帝还将寇谦之留在嵩山的四十多名弟子都接到京城，并在京城东南为他们建造天师道坛庙，重坛五层，遵照执行经寇谦之改革整顿过的新天师道科禁法令，此道场后被称为"崇虚寺"。至此，北天师道完全获得了官方支持，在主流文化圈有了稳定的立脚点。440年，太武帝因皇孙的出生，听从寇谦之的进言，改年号为太平真君。太平真君三年（442），太武帝在寇谦之的强烈建议下，又亲自到道坛接受符箓，备坐的法驾、旗帜等都采用青色，"以从道家之色"，成为道士皇帝。寇谦之的道教遂被升到准国教的地位，成为帝师、国师，备极尊崇，北天师道由此在北方大盛。

既然寇谦之能被授予天师之位，那么陆修静同样也能僭越张氏后代成为天师。其实，不管当年那位老妪的"天师"预言是否真实，也尽管陆修静后来并没有成为天师，但与寇谦之依托神灵、自居天师的行径相比，陆修静这种由民众自发推举为天师的方式无疑更能表明他在人们心目中的崇高地位，也让我们看到陆修静对天师道的重要影响。事实上，陆修静一开始确实致力于天师道的研究改革，并作出过重要成绩，他早年著成的道书《陆先生道门科略》便是针对天师道的改革整顿的。而他的有天师之实却不要天师之名又表明士族出身的陆修静其实志不仅于此，而是有着更远大、更伟大的道教理想。

三、统一新道教志向的确立

修炼道教方术

自从投身道教之后，陆修静虽依然游离于世俗官务，但内心却是质朴坚贞，早已能够超然看待世俗名利，不为所困了。他开始在家中修炼道教方术——辟谷。辟谷亦称断谷、绝谷、休粮、却粒，也就是不食五谷之意。为什么要断绝五谷呢？道教认为人体中有三虫，亦称三彭、三尸，分别居于上、中、下三丹田。上尸名彭倨，好宝物，在人头中，伐人眼，空人泥丸（道教称人脑为泥丸），使人变得眼暗面皱、口臭齿落、鼻塞耳聋、发秃眉薄；中尸名彭质，好五味，在人腹中，空人脏腑，肺胀胃弱，失肌过度，使人好作恶事，或作梦寐倒乱；下尸名彭侨，好色欲，在人足中，腰痛疾急，血干骨枯，淫邪不能自禁。这三尸形状像小儿，或似马形，皆有长毛二寸，是欲望产生的根源，是毒害人体的邪魔。但它们要依靠肉类及谷类才得以在人体中寄生，所以如果人们只吸空气，不吃五谷，断其谷气，那么三尸就不能在人体内生存，人体内也就灭除了邪魔。因此，要益寿长生，就必须辟谷。史籍所载最早的辟谷实践者见于西汉淮南王刘安的《淮南子·人间训》，其中记述了春秋时鲁国人单豹避世居于深山，长喝溪水，不穿丝麻等做成的衣服，也不吃五谷杂粮，活到七十岁时，面容依然还像孩童那样年轻、娇嫩。这就是说，辟谷方术能使人返老还童，充满活力。前引张道陵的九世祖张良在外云游时，也曾修习辟谷之术，时间长达一年。据《魏书·释老志》载，北魏道士寇谦之也曾托言太上老君授以导引辟谷口诀，弟子十余人皆得其术。可知辟谷方术在当时天师道内部还是十分流行的。

修习辟谷方术之后，陆修静又与妻子分床独居，断绝房中术。房中术历来为道教推崇，认为是阴阳相合，可以还精补脑，以修长生。不过当时北魏道士寇谦之在进行北天师道改革时，却强烈反对"男女合气"之术，认为"大道清虚，岂有斯事"。如此看来，陆修静之反对房中术，应该是受到寇谦之的影响。

初隐云梦山

寇谦之以天师之位改革北天师道时，陆修静年方二十，正想在自己心爱的道教事业上能有所作为。所以这时候，他心里可能在想着寇谦之的榜样，决心致力于对南天师道的改革。因为当时的南天师道组织涣散、科律废弛，亟待变革，但他又感于官务缠身，耗时耗力，便想退出尘世全身投入玄门。他对一同为官的朋友说："时间流逝，难以再得"，毅然辞去官职，潜心探讨玉书，专研道教教法，日夜不息，开始了纯粹修炼的生活。再后来，陆修静干脆离开家，抛妻别子，独自上云梦山隐居修道。针对天师道改革、整顿的道书《陆先生道门科略》一书很可能就是作于这一时期前后。

初隐云梦山期间，陆修静曾有一次下山寻药，经过故乡，在家逗留了几天，他的女儿突然得了暴病，危在旦夕，家人请求他速找大夫救治，他却感叹说："我本来就已经同你们诀别了，早将自己托付于太玄无极。这次回来虽然是在自己家里，感觉却像住宿旅店一样陌生，哪里还会再有爱著之心呢？"于是拂衣出门，连头也没回。陆修静走后一天，他女儿的病却突然好了。这里"爱著"一词来自佛教，是迷恋于情欲，执着不能解脱的意思。这又表明，陆修静从一个早涉婚宦的儒士转变为泯灭亲情、与亲人决绝的道士态度，其中却又接受了佛教的影响。

还有一次，陆修静买了很多药进山，因为他平时有"气疾"，古人说的"气疾"多指肺虚、肺病。陆修静将药品放置在一个单独的房间里，不知为何房间突然起火，火势很快蔓延到药品，弟子们想去把火扑灭，陆修静却制止说："不必去救。这是天上神灵冥冥之中不许我用这些药，我的病应当自己就会好了。"不几日他的肺虚之病果然就好了。这则故事似乎预示着陆修静开始相信道教神仙的无穷力量，促使他发生了由相信药物到迷恋神仙的转变，决意成为一名神仙道士了。

历游名山

道教最根本的教义，就是神仙崇拜。所谓神仙实际上是神和仙的总称。神是指先于天地而生的神灵，如三清（玉清元始天尊、上清灵宝天尊、太清道德天尊)、玉皇大帝等,仙是指开天辟地之后,原有人身经过修真学道成为神通广大且长生不死的神灵,如张天师(张道陵)、许真君(许逊)、吕纯阳(吕洞宾)等。据牟钟鉴教授总结,神仙一般具有"永生、自由、神通"三项异乎常人的特征,他们长生不死,逍遥自在,吸风饮露,腾云驾雾,还能呼风唤雨,扶善惩恶,为人们消灾造福,因此,神仙为常人所向往、追求和崇拜。

作为一名道士,陆修静对神仙的向往、追求和崇拜的态度始终如一。早期神仙学说都认为求仙者应当远离人寰,入山修炼。"仙"原作"迁",本义即为"迁入山也"。一则道人眼中的神仙或是居住在烟波飘渺、荒凉神秘的太虚仙境,如司马迁《史记·封禅书》中提到的蓬莱、方丈、瀛洲三神山,或是居住在秀丽迷人、人迹罕至的名岳山川;一则道人认为修炼方术必须在静寂无人的深山中进行,这样才不至受到不信道者的干扰,以免他们谤毁神药。陆修静在经过云梦山的短暂隐居之后,一方面他越来越适应山中的隐居修炼生活,另一方面却也感到庙小难修高道的尴尬,他开始走出云梦山,来到附近较大的仙都山(今浙江省丽水市缙云县境内)修炼。他的高徒孙游岳后来在仙都山隐居,时间长达四十余年。之后陆修静又走出浙江,在中国南部各地的名岳山川四处游走。据史料载,陆修静游历的足迹南至湖南的衡山、湘江,西至四川的巫峡、峨眉山,几乎踏遍大半个中国,其中值得一提的是明确留下陆修静行踪的会稽山、九嶷山、衡山和罗浮山。

会稽山,原名茅山,亦称亩山,地处浙江省绍兴东南。它是中国历代帝王加封祭祀的著名镇山之一，也是中国山水诗的重要发源地之一，历代文人雅士都曾留下众多诗文佳作。会稽山的文化积淀异常深厚。三过家门而不入的上古治水英雄大禹，一生行迹中的四件大事：封禅、娶亲、计功、归葬都发生在这里。春秋战国时期，会稽山一直是越国军事上的腹地堡垒。秦始皇统一中国后不久就不远千里，上会稽，祭大禹，对这座出一帝一霸从而兼有"天子之气"和"上霸之气"的会稽山表示敬意。两汉以后这里成为佛道圣地。传说葛洪之祖、素有"葛仙翁"之称的葛玄在此炼丹成仙，山中的阳明洞天为道教第十一洞天，香炉峰则为佛教圣地。现存遗址有巨石"飞来石"，因相传从安息飞来而得名。后因葛玄在此炼丹，又称"葛仙炼丹岩"。

九嶷山系千古名山，位于湖南省宁远县城南三十公里，素以丰富的文物古迹、独特的自然风光、奇异的溶洞和别具一格的民俗风情著称于世，九嶷山是中华民族始祖舜帝的葬所，《史记》载，"舜南巡狩，崩于苍梧之野，葬于江南九疑"。舜帝是中华民族道德文化的创始人。《史记》载，"天下明德，皆自虞舜始"，舜葬九嶷使九嶷成为中华民族道德文化的源头，九嶷山因此成为炎黄子孙向往的圣地。

衡山地处湖南省衡阳市南岳区，又名南岳，是我国五岳之一。这里气候温和，风景秀丽，处处茂林修竹，终年翠绿，奇花异草，四时飘香，故有"南岳独秀"的美称。衡山还是著名的道教名山，是道士修行的理想之地。道教称其为三十六洞天之第三小洞天。传说天师道女祭酒魏华存（魏夫人）治南岳山，留有黄庭观，为其修道处。唐末李仲昭《南岳小录》中所记的"前代九真人"，即为两晋南北朝时期在南岳修道的九位著名道士，其中就包括居住上清宫、传播上清经的徐灵期真人。可以推定，陆修静当年游览南岳衡山时，与还健在的徐灵期真人有过交往和交流。

罗浮山，又名东樵山，位于广东省惠州博罗县西北部，与位于同省佛山市境内的西樵山是姐妹山。罗浮山的主峰是飞云峰，海拔一千二百九十六米。其山势雄浑，风光秀丽，四季气候宜人，被誉为"岭南第一山"，西汉史学家司马迁曾把它比作为"粤岳"。相传古时只有罗山，浮山从东海浮来，倚于罗山东北，由铁桥峰相连，故名。据北宋张君房《云笈七签》卷二十七《洞天福地》记载，罗浮山为道教十大洞天之"第七洞天"，七十二福地之"第三十四福地"。山中有七十二石室、十八洞天、四百三十二峰峦、九百八十瀑布与飞泉，原有九观十八寺二十二庵等道教与佛教宫观寺院点缀其间，许多神仙家都曾在此隐居修炼。秦汉时期安期生曾来到这里修习道术。东晋年间，著名道教理论家、炼丹家、医学家葛洪入于山中修道炼丹，采药济世，著书立说，创建九天观、黄龙观、冲虚观、酥醪观、白鹤观。葛洪居山积年，优游闲养，笔耕不辍，著述极丰，他继承并发展了早期道教的神仙理论，整理了当时流行的各种炼丹术，总结了自己在研制金丹过程中所积累的丰富经验，撰写而成《抱朴子·内篇》一书，既确定了我国的神仙理论体系，又丰富了道教的思想内容，从而使罗浮山逐渐成为岭南道教名山。陆修静之后，吕洞宾、何仙姑、铁拐李等神仙也曾留过圣迹。

陆修静肯定是很喜欢山水的,有野史说他早年曾沉入自己家乡附近的水潭里,几个月之后方才出来,这个水潭为此有仙潭之称。在这样的山水云游中,陆修静欣然惬意、怡然自得,和隐居在山中的高道修炼、谈道,道行越来越高,最后终于感悟神灵,和神灵通交,获得真传,已然成为一名神仙道士了。

对道家各派兼收并蓄

但陆修静并不满足于个人的道行修炼,其文化素养深厚的士大夫出身注定了他对道教有着更加伟大的志向和理想。陆修静一开始是致力于天师道的研究,早在初隐云梦山的前后,就已写成针对天师道改革、整顿的道书《陆先生道门科略》。但在对天师道作出重大贡献、又有寇谦之自名天师的先例的情形下,陆修静却并没有以天师自居,这就足以表明士族出身的陆修静志不在此,他一开始就抱有对南方整个道教进行统一、整顿的伟大目标和志向。而通过多年历览名山、遍访仙踪的云游经历,使得他对当时各道家道派的教义思想有了更加成熟、透彻的了解,并能兼收并蓄、融会贯通,从而为其伟大志向的最终实现奠定了基础。唐代释道宣《广弘明集》卷四《叙齐高祖废道法》说他"祖述三张,弘衍二葛",三张是指天师道张道陵、张衡和张鲁,二葛是指葛玄、葛洪,前引的会稽山、罗浮山即为二葛的修炼、谈道之所,而陆修静又到过四川的峨眉山,肯定也一并游过张道陵的修炼、布道之地——鹤鸣山。因此,陆修静对三张、二葛的继承、改造和发展正是通过历游名山的亲身实践而不断得到深化的。同时，在对九嶷山的游览当中，陆修静又更加深切感受到中华民族道德文化的悠久传统，使其原来就积淀起来的儒学素养更加深厚，从而为其以后的道教改革注入浓烈的儒学色彩。

在游历名山的过程中，陆修静还自觉担当起一项伟大、有意义但却繁重、琐碎的工作——搜罗道教典籍。道教开创之初，经典甚少，相传天师道创始人张道陵作《灵宝经》及章醮等道书二十四卷，内容非常丰富，但后据考证，实则有很多都是后人踵事增华，托名伪作的。据《汉书·艺文志》载，道教前身的神仙家仅为十家，总共二百零五卷。魏晋以后，道教开始盛行，道教典籍也骤然而增，根据葛洪《抱朴子》所记载的，可大致估算当时已出的道经竟高达一千二百卷，但是由于社会连年动乱，暴动、变乱在各地时有发生，使得那些持有道经的道士深居简出，不敢轻易示人，从而严重地阻碍了道教典籍的传播和交流。再加上当时的道教观念并不是很开放，各派道家纷纷自我标榜，对别派相当抵触，自然也不会去学习、吸收别派的道经。这些都使得当时繁杂的道教典籍"处于天宫"状态，没有得到广泛传播，因而迫切需要有人能够着手这项工作。陆修静自觉地担负起这项重大使命。他不辞辛劳，遍游名山，寻访各地道士，和他们云外交游、畅谈道义，终于搜集到大量的道教典籍。陆修静这种搜寻道经的努力直至晚年也丝毫没有松懈。

在长期搜罗整理、阅读编著的过程当中，陆修静对各家道派广采博收，融会贯通，其思想已不再局限于天师道，而是扩展到对当时所有道派的整体研究上，逐步形成了新的道教思想。这里我们采用钟国发先生的说法，将陆修静这种新的道教思想称为统一新道教。

元嘉十四年（437），陆修静年仅三十二岁时，就编成了《灵宝经目》（已佚）及《灵宝经目序》。从名称上看，《灵宝经目》自然是关于灵宝道经的目录，是陆修静致力于《灵宝经》的整理和研究的成果，然而这却是陆修静统一新道教思想趋于成熟的体现。因为他在《灵宝经目序》署名时自称为"三洞弟子"，而"三洞"思想正是基于一种不拘于某一道派、统一新道教的整体眼光的（详后）。因此我们说，在游历众山之后，陆修静对各道家道派兼收并蓄，已开始大致形成他的统一新道教思想了。这时候的他，虽然身隐弥静，名声却越来越大，前来造访的江南信徒络绎不绝。陆修静也开始大量地招收道徒。从此，他和弟子们一起在道教改革的道路上披荆斩棘，历经磨难，不遗余力地贡献自己的力量。

第 2 章

初赴建康　难免失意

一、理想和现实的反差

寻求皇家势力的支持

陆修静在积累了较高的道学名气和深厚的道教教理之后，开始向京师建康（今江苏南京）进军。这是陆修静经过深思熟虑之后所作的决定。多年积累起来的道教经验告诉他，要想获得道教改革的成功，皇室的积极支持是其中一个非常重要而且关键的因素，天师道一些领袖人物的成功经历就是最好的例子。就近而言，寇谦之对北朝天师道的改革，正是凭借皇帝的全力支持才取得了巨大成功，获得空前的辉煌。稍前一点，比如吴郡钱塘（今浙江杭州）的杜子恭，他建立的天师道道团在东南一带影响非常大，不但一般民众对他尊之若师，在上层阶级中信奉者亦有不少，如谢安、王羲之、陆纳等都对他敬重有加，曾屈尊求他请祷治病。杜子恭之所以有如此大的宗教势力，就是因为他从不介入东晋政权的权力核心，由此获得皇帝的信任和宽待。反观孙泰、孙恩和卢循，他们是想把自己建立的天师道道团变成一个独立、自由的宗教王国，以至于从一开始就过度卷入东晋王室和士族的权力斗争，发动暴动，最后以失败告终，道徒死伤无数，使得天师道遭受重创，这正是陆修静最不愿意看到的。而当时在道教内部，一股向皇室寻求支持的风气正悄然兴起。如刘宋初期出品的《三天内解经》（题"三洞弟子徐氏撰"）中说："刘氏之胤，有道之体，绝而更续。天授应图，中岳灵瑞，二十二璧，黄金一饼，以证本性。九尾狐至，灵宝出世，甘露降庭。三角牛到，六钟灵形，巨兽双象来仪，人中而食。"对于这个镇压天师道道徒孙恩、卢循暴动而崛起的刘宋开国皇帝刘裕，道教中人竟以"灵宝""天降璧""黄金""甘露"以及"九尾狐""三角牛"等祥瑞来赞美其即天子位，向刘宋皇帝表示忠诚和顺服之意，显然是想解除政治重压的危机，获取皇帝的支持，从而谋求道教的生存和发展。陆修静此次进京的目的正在于此，一如释道宣所指出的，陆修静"祖述三张，弘衍二葛"，"意在王者遵奉"，希望道教能更大规模地进入皇室，使统治高层遵循奉行，从而更加有效地推广他的统一新道教思想。

宋文帝的"元嘉之治"

陆修静是带着满腔热情进京的，因为当时正处于刘宋统治的辉煌时期——"元嘉之治"。元嘉是宋武帝刘裕的第三个儿子宋文帝刘义隆的年号，元嘉之治是指宋文帝刘义隆在位的三十年（424~453）出现国泰民安、经济繁荣的鼎盛局面。

　　元嘉之治是和宋武帝刘裕的治国策略分不开的。宋武帝从他掌权时起，到他代晋做了皇帝，就对当时积弊已久的政治、经济状况有所整顿、改革，他采取整顿吏治、重用改革派等措施，取得了良好成效。宋武帝病死后，长子刘义符即位，时年十七，史称宋少帝。宋少帝游戏无度，不亲政事，两年后，被辅政大臣司空徐羡之、中书令傅亮和领军将军谢晦合谋杀死。424年，宋武帝第三子刘义隆（史称宋文帝）承继皇位。

　　宋文帝刘义隆即位后，继续推行宋武帝的土断策略。土断是当时南朝政府所推行的整理户籍及调整地方行政区划的一项政策。它与侨置相对立。317年，司马睿由北入南，以建康为都，在相对安宁的江南地区建立东晋，中原地区的大量人口纷纷南逃，这些由北入南的人口就叫作侨人。东晋统治者为了控制侨人，也为了维护他们的利益，在侨人比较集中的地区设置了与侨人的籍贯同名的州、郡、县及其行政机构，就叫作侨置。如在京口（今江苏镇江）侨立徐州等。政府规定侨人的户籍称为白籍，不算正式户籍，入白籍者一律免除赋役。这些措施对招徕和控制侨人都起到了一定作用。但侨置只是一种临时措施、权宜之计，施行越久，暴露的问题就会越多。除了版图混乱、不便管理之外，最大的问题就是直接导致国家的财政收入严重受损。很多地主大户利用侨置的优惠政策，乘机隐瞒大量不属于侨置的人口，从而造成国家财政的大量流失。于是，政府推行了与侨置相对立的土断政策。土断的中心内容是整理户籍，居民不再区分侨人和土著，所有的居民一律在所居住的郡县编入正式户籍，取消对侨人的优待，由政府统一进行编户齐民的管理和征税，这就保证了政府的财政收入不致流失，因而土断政策多为统治者所推行。义熙九年（413），宋武帝刘裕再次实行土断政策。除南徐、南兖、南青三州都在晋陵（今江苏镇江、常州一带）界内，不在土断之列外，其余都依界土断，多数侨置郡、县被合并或取消。在户籍上，也不再区分土著和侨人。对于世家大族隐藏户口的，严厉清查。宋文帝即位后，在义熙土断的基础上继续清理户籍，把大地主侵吞隐藏的户口都清查出来，登记在政府的户籍上，从而大大增加了国家的赋税收入。

为了收拢人心，宋文帝大赦天下，在客观上增加了劳动生产力，促进了农业生产的发展。宋文帝对农业生产极其重视，下令减免租税，奖励农业生产，禁止官府宰杀牛羊，并要各级官吏带领农民耕种，起表率作用。史书上甚至记载说宋文帝曾亲自率领大臣帮农民种地，大大激励了农民种地的积极性，很快全国几乎没有荒芜的土地，农业生产得到有效的恢复，政府的收入也相应增加不少。此外，宋文帝还特别重视兴修水利，修复了很多堤、堰和陂，像芍陂、六门堰等都是当时修建的。元嘉十二年（435），丹阳、吴兴一带发大水，他一次就拨出数百万斛大米，赈济五郡灾民，并且还减免赋税，以此解决百姓的燃眉之急。

宋文帝也十分重视官吏的任用和考核。他下诏求贤，对于有才能的人加以重用，对于贪官污吏则严惩不贷。南梁郡（今河南汝南一带）太守刘遵考是宋武帝刘裕的族弟、宋文帝的堂叔。当年他跟随宋武帝北伐中原时，浴血奋战，屡立战功。刘裕称帝后，封他为南梁郡太守，地位显赫，连刘裕都要尊让他三分，但他为人粗暴，贪财好利，欺压百姓。南梁郡发生旱灾，几乎颗粒无收，宋文帝下令调拨粮食几万石救济灾民。可这么多粮食居然全部被刘遵考侵吞了。灾民只得到处逃荒要饭，很多人被活活饿死。有的跑去官府告状、喊冤，却被关进了大牢。宋文帝听说后，气得火冒三丈，立即动用刑部将刘遵考捉拿归案，削职为民，令百姓拍手称快。当时吏部尚书庾炳之，素无学术，心胸狭窄，但他内外归附，势倾朝野，时常受贿索贿，达到厚颜无耻的地步。有一次，他向一个姓夏侯的客人索贿，问："有好牛吗？"夏侯说："没有。"又问："有好马吗？"答说："没有，只有一头好驴。"庾炳之居然恬不知耻地连声说："这正是我所要的。"客人出门后，他就连连催问他什么时候把驴送来。有人曾经讥笑他是"东门得牛酒，西门变卖之"。士大夫们也都很厌恶他的为人品行，却无可奈何。宋文帝知道此事后，立即批准了御史中丞何尚之弹劾庾炳之的奏折，罢免了庾炳之的所有职务。

总之，由于宋文帝实行了一系列利国利民的政策，使得刘宋初期的政治比较稳定，社会生产有所发展，经济文化日趋繁荣。沈约《宋书》卷九十二《良吏传》中说："凡百户之乡，有市之邑，歌谣舞蹈，触处成群，盖宋世之极盛也。"足见元嘉之治并非虚幻。

对推广统一新道教思想的乐观期待

"元嘉之治"的好形势激励着陆修静改革、推广道教的决心，也促成了他对刘宋的乐观期待。陆修静在《灵宝经目序》中说道：

> 按经言承唐之后四十六丁亥，其间先后庚子之年，天子续党于禹口，乱群填尸于越川，强臣称霸，弱主西播，龙精之后，续祚之君，罢除伪主，退霸逆民。众道势讫，此经当行，推数考实，莫不信然。期运既至，大法方隆，但经始兴，未尽显行，十部旧目，出者三分。虽玄蕴未倾，然法轮已遍于八方，自非时交运会，孰能若斯之盛哉！

陆修静"承唐之后四十六丁亥"的说法可能取自上清派，《上清三天正法经》中就说道："自承唐之后四十六丁亥是三劫之周"，其后又云："自承唐之后数四十六丁亥，前后中间甲申之年，乃小劫之会。"四十六丁亥就是四十六轮甲子，依此算来（46×60＝2760），总共2760年，而唐尧年代一般推定是公元前2300多年，由那时下推2760年为公元400年前后，正好相当于东晋末年，因此，所谓"承唐之后四十六丁亥"即是指东晋末期，按上清派说法，这一时期正面临一次末世灾厄，陆修静说"天子续党于禹口，乱群填尸于越川"，这里"禹口""越川"显然是指孙恩、卢循暴动，当年被刘裕打败退据海岛攻扰吴越，"强臣争霸"暗指桓玄，他于402年拥兵入朝并于次年篡位，"弱主西播"则隐指一度被桓玄废黜而出居长江中游的晋安帝。乱贼反动，霸臣篡位，社会动荡不堪，百姓不独安宁，真可谓"大劫大灾"。而大劫大灾过后，太平盛世开始来临，被陆修静称为"龙精之后、续祚之君"的刘裕已平定孙恩、卢循叛乱，打破桓玄篡位的美梦，建立了刘宋王朝，社会正走向安定、统一，因而他认为自己正赶上所谓"期运""时交运会"的好时机了。

此时的陆修静正处于人生的黄金时期，意气风发。他在《灵宝经目序》慨然说道："众道势讫，此经当行。""此经"就是指《灵宝经》。在这时交运会的大好时机下，所有其他道派都已走向没落，行将灭亡，以《灵宝经》为核心的统一新道教已然成熟，应该大行于世。他所说的其他道派自然包括诸多民间黄老道派，同时也指当时盛行的方外众道——佛教。血气方刚的陆修静是不可能同佛教势力平分天下的。

由乐观期待到惨痛失败

关于陆修静这一次的进军京师的活动，通常的说法见于南朝陈道士马枢撰写的《道学传》：元嘉末年，陆修静到京师建康卖药。卖药，这是一个云游道士传播道教及生存的方式。宋文帝慕名请他入宫讲授道法，他侃侃而谈，不舍昼夜，赢得宋文帝的服膺。当时的太后王氏因为信奉黄老之道，竟然屈降母后之尊，特意听他宣讲道法，并对他执弟子礼，以示尊敬。不过，道教另外两部典籍《真系》和元朝道士赵道一编的《历世真仙体道通鉴》的说法则有所不同。《真系》中说到陆修静在京师卖药时，宋文帝慕名邀请他进宫讲道，被他断然拒绝，渺然不顾。等到太初之难发起时，社会上人人惊恐，人心猜疑，陆修静就离开京师到江南一带云游去了。《历世真仙体道通鉴》则说得更加绘声绘色。说宋文帝早就仰慕陆修静的高超道风，当陆修静来到京师卖药时，他特意叫人做了一辆装饰有云霞的高级宝车，还派左仆射（高官，相当于宰相）徐湛之去请他。但陆修静却坚决辞绝，拂衣而去。后来皇室发生了血腥残酷的太初之难，人们认为陆修静肯定是预感到要发生这次惨案才早早离开的，所以对他预知未来的高超道行都感到很惊异。看来，关于陆修静这次进京活动的分歧主要集中在宋文帝对陆修静是否极尽礼遇、诚心听他讲道以及陆修静个人对此的态度上。当代学者钟国发先生认为宋文帝在宫内"不舍昼夜"地听闻陆修静讲道说法的记载是不大可信的，而《真系》与《历世真仙体道通鉴》的说法则比较近于真实。至于王太后对陆修静降尊行弟子礼，听讲道法，则更不可信。因为查《宋书·后妃列传》，文帝时代宫中并无太后，因为宋武帝刘裕的原配臧氏没有等到丈夫做皇帝就去世了，宋武帝在位时宫中没有皇后；宋文帝即位后追尊生母胡氏为皇太后，但胡氏早在晋末被刘裕赐死。宋文帝后期宫中甚至并无皇后，他的袁皇后早在元嘉十七年（440）逝世。他的后妃中后来有皇太后封号的只有两位，一位是孝武帝刘骏的生母路氏，另一位是明帝刘彧（yù）的生母沈氏，都不姓王。

事实究竟如何？由于史料有限，已无从查考。不过，于情理上判断，陆修静既然是满怀期待地赴京讲道，那么，面对宋文帝的诚心邀请，是不大可能断然拒绝、拂袖而去的。而从他深厚的道学素养以及后来的舌辩群雄来看，他在宫里侃侃而谈的说法似乎也并非子虚乌有，他很可能因此吸引了皇帝后宫的哪位妃子，对他极尽礼遇，只是不是太后，当然也不会是姓王的太后。至于宋文帝是否能够倾心听其讲道，并对他尊敬有加则有待商榷。因为当时宋文帝正热衷于佛教。应当说，南朝皇帝大都奉佛，比如宋武帝刘裕礼敬鸠摩罗什的弟子慧严、僧导，并造有无量寿佛金像；孝武帝建有药王寺、新安寺；宋明帝刘彧造有丈四金像及行像八部鬼神，还建造过湘宫寺，极其壮丽。据说宋明帝对此非常满意，自称功德极大。老臣虞愿说，这都是百姓卖儿贴妇钱造。如果佛有良知，该多么悲悯！罪比塔还高，有什么功德！宋明帝大怒，赶虞愿下殿。不过比较而言，对佛教最为重视、最为崇拜的当属宋文帝刘义隆。他的宰辅王弘、彭城王刘义康、光禄大夫范泰、侍中何尚之等皆信佛法。但宋文帝崇佛是有政治目的的，他听到何尚之等人说："一个有一百多户人家的地方，假如有十个人能够守持佛家的五条戒律，那么，这十个人的品行就是淳朴严谨的。一个有一千户人家的地方，假如有一百个人能够做十件善事，那么，这一百个人的品行就是和气敦厚的。若能把这种风气在社会上传播开来，那么，现在几千万的编户当中就有几百万人的品行是好的。……一个人如果能够做一件善事，那么，就能除掉一样恶事，也就能免掉一样刑罚，那如果几百万人都去做好事，那么国家就能免除掉几百万条的刑罚，这样就能达到皇上平时所说的'坐致太平'呀。"这番循循善诱的话点燃了宋文帝崇佛的高度热情，从此便致意佛经，他对竺道生的"顿悟成佛"理论十分赞赏，召请竺道生弟子道猷入宫申述师父的顿悟之义，并对他们赞赏有加，他称竺道生是"千里孤情当空绝照"，道猷则仿佛是"执著辔头独上云天"。后来宋文帝又请慧观弟子法瑗入京论究佛理，敕为南平穆王刘铄的五戒师，并建造天竺寺和报恩寺，足见其崇佛之笃。

　　既然宋文帝崇佛是本着强烈的政治目的，假使道教的推行能够有助于治理社会的话，那么，宋文帝也会对它产生兴趣，因而不妨主动去接纳一些当时的道教领袖，从而也就有了慕名召请陆修静入宫进道的举动。问题是陆修静的本意是想宋文帝像北魏武帝一样专行推广他的统一新道教，不容许与佛教分庭抗礼，这就势必与好佛的宋文帝产生冲突。而且当时的佛教发展迅速，势头很猛，早已积蓄起一定的势力，而道教则可以说是方兴未艾，社会影响力不大，而且孙恩、卢循暴动造成的重创依旧还很深。这些都注定了那位对佛教怀有满腔热情的宋文帝对道教的态度只会是尽量包融而不可能是以道教取代佛教。所以陆修静入宫之后，宋文帝在听他讲道布法之际也难免三心二意，这种态度是陆修静所不能接受的。故而入宫不久就毅然离开宫廷。这样陆修静希望通过宋文帝推广统一新道教的努力原则上是失败了，也使他深刻意识到理想和现实之间的巨大差距。或许正因为这样的失败结局，《真系》和《历世真仙体道通鉴》为了抬高陆修静的形象，故意将陆修静主动追求后的失败说成是高姿态的主动拒绝。

二、举办涂炭斋

"太初之难"的爆发

　　如果说初赴建康的失败经历令陆修静对宋文帝个人心生失望的话，那么接下来发生的"太初之难"则使得他几乎对整个社会都痛心疾首，倍感绝望了。

宋文帝统治二十余年，府库充盈，器杖精良，国力强盛，便生起北伐的雄心大志，恰巧又有彭城太守王玄谟迎合宋文帝经略中原之意，不时慷慨进言，更加燃起他的一腔热血，他对侍从说："看到王玄谟陈说的北伐策略简直让人有封狼居胥之感了。""封狼居胥"是有关西汉大将霍去病的典故，当年他登狼居胥山（今内蒙古自治区西北部）筑坛祭天以告成功。宋文帝引用这个典故，意思是如果根据王玄谟的北伐策略肯定会大获全胜的。于是，他不顾太子步兵校尉沈庆之的反对，执意派王玄谟、徐湛之等人率兵出攻北魏，结果大败而归。自此之后，宋魏之间兵战不息，长期的战争在不断地损耗着刘宋的国力。

由于战争的损耗，宋文帝治下"元嘉之治"在后期渐渐走向衰败。在外患连年的同时，刘宋皇室内部又爆发了争夺权力的内战。宋文帝是一个疑忌心重、报复心极强的人。当年，他的两个哥哥宋少帝刘义符、庐陵王刘义真被谢晦等大臣连杀之后，他在一片血雨腥风中坐上皇帝宝座。他先对徐羡之、傅亮、谢晦等五人加官晋爵，稳住他们，进而就以亲信王昙首、王华为侍中，王昙首领右卫将军，王华领骁骑将军，然后又任命刘彦之为中领军，委以军政，把京城军权都抓在自己亲信手里。三年后，羽翼丰满、大权在握的宋文帝开始肆意报复，他下诏公开徐羡之、傅亮和谢晦等当年杀害刘义符、刘义真的罪行，下令将他们和他们的子侄们都处死，把刘宋大权完全收归己有。但宋文帝素来体弱多病。元嘉六年（429），宋文帝病重，由他最大的弟弟彭城王刘义康暂时执政。刘义康加领扬州刺史，晋位大将军，一时职权日重，势倾天下，自然遭来宋文帝的排挤。元嘉二十八年（451），北魏大军南下，隔江威胁建康，宋文帝害怕已被废为庶人的刘义康趁机作乱，下令将他杀害，刘义康的后人则被太子刘劭杀尽。这场手足兄弟之间的残杀可视为"太初之难"的前奏。杀掉刘义康之后，宋文帝担心宗室过于强盛会导致内乱，便委派太子刘劭戍守京城，加强太子东宫的兵力，增设东宫卫队甲兵万人，以此保障皇室的绝对安全。但他万万没有想到，此举反而助长太子刘劭日益膨胀的野心，最后竟将自己送进了坟墓。

太子刘劭，字休远，是宋文帝长子。刘劭性情狡猾而又刚猛，他仗恃着宋文帝对他的宠爱，为所欲为。刘劭的姐姐东阳公主刘英娥有一个名叫王鹦鹉的婢女，这个婢女又认识一位名叫严道育的女巫，她自称不食谷物，能驱神弄鬼。公主开始不相信，严道育就对她说："神灵将有祥符赐给公主。"当天夜晚，公主躺在床上辗转反侧，夜色朦胧中忽然看见一道像萤火虫一样的流光飘忽闪过，飞进墙角一口竹制的书箱里。公主连忙打开书箱一看，里面赫然放着两颗青色的玉珠。从此，刘英娥和太子刘劭对严道育奉若神明，他们尊敬地称她为"天师"，开始信奉巫术。为了早日继承帝位，太子刘劭伙同他的弟弟始兴王刘浚和严道育一起装神弄鬼，他们用玉石雕刻了一尊文帝的雕像，把它埋在含章殿前，意思是诅咒宋文帝快死。后来，巫蛊之事败露，宋文帝传令抓捕严道育，而严道育却像真有神灵保佑似的早已提前溜走。之后又装扮成尼姑，竟然就一直藏在东宫受太子刘劭的保护。

为了对付宋文帝，刘劭在东宫蓄养死士，每天夜里都要设宴拉拢东宫将士。侍中王僧绰知道这一情况后密告宋文帝。此时宋文帝也得到举报，说刘劭兄弟和严道育仍有来往，派人捉拿时却只抓得严道育的两个婢女，婢女对刘劭兄弟窝藏严道育的事实供认不讳。这令宋文帝对这两个宠爱的儿子失望至极，心灰意冷之际，宋文帝向他的宠妃潘淑妃说出想要废掉太子刘劭、赐死刘浚的决定。潘淑妃是刘浚的养母，她回去后将这件事告诉了刘浚，希望他能痛改前非，向宋文帝主动认错。但刘浚毫无悔改之心，反而将宋文帝的决定火速告诉了刘劭，兄弟俩加紧策划弑父阴谋。元嘉三十年（453）正月二十九日，刘劭假传圣旨以有人谋反为名冲进皇宫，杀死宋文帝及其亲信大臣数十人，又派人去杀潘淑妃，剖其心。之后刘劭即皇帝位。这就是残酷的"太初之难"。

修功建德，拯救世界

"太初之难"完全打破了"元嘉之治"下的社会美景，而弑父的惨剧更引起世人的强烈不满，人们四处起兵声讨刘劭，朝政由此大乱。陆修静也不得不避难他去。但作为充满社会使命感和悲悯情怀的儒学道士，陆修静不可能仅仅明哲保身。就在这一年的冬天，他率领众弟子举办了一次大型的宗教仪式——三元涂炭斋。涂炭的本义是烂泥和炭火，比喻极其困苦的境遇，也比喻污浊的地方。如《尚书·仲虺之诰》："有夏昏德，民坠涂炭"，意思是说夏朝君主昏庸无德，致使百姓生活困苦。三元是说涂炭斋分为上中下三元，每一元有十二天，总共三十六天。因此，三元涂炭斋的要义就是以苦节为功，建斋者要在严寒冬天阴雨泥泞中在头上涂上泥土、赤足踏冰，忍受凛凛寒风、冰霜刺骨，而这一过程要持续三十六天之久，目的就是要洗清人间的污浊和世人的罪恶。

如此痛苦的斋事，一般人都难以坚持。为此，陆修静特地写了《洞玄灵宝五感文》，宣扬"五感文"，作为修斋者的精神支柱。所谓"五感"，一是感念父母生我育我之辛劳。陆修静说，父母含辛茹苦，劳心损体地养育我们、呵护我们。我们一有不舒服的地方，他们就会愁眉不展，心急如焚，泣涕涟涟，夜不能眠，将我们养育成人，实属不易；二感父母为我而受三涂之苦。他说，父母将我养育成人之后，又要为我积敛钱财，造买基业，准备婚娶。做父母的总想子女生活更加富足，不觉心生贪念，拼命搜取，与物相逐，遂致触犯天地，伤害人物，甚或触犯王法，及至性命攸关，父母竟最终因我们而遭受三涂之苦。"三涂"引自佛家用语，即火涂、刀涂、血涂。火涂即地狱道，为炎火镬汤之热所苦；刀涂即饿鬼道，常受刀杖驱逼之苦；血涂即畜生道，忍受相互潲食之苦。陆修静说，如果一个人能够感受到父母为了自己正在遭受千痛万楚的三涂之苦，怎能不肝心溃乱，战战兢兢而投地乞哀呢？三感人生的迷误苦痛。陆修静认为普天下的男女都在遭受身口之累，要吃美味的食物，要穿华丽的衣服。吃饱穿暖以后，又想着奢侈玩乐，恣情快意，追逐营求，永远没有满足，他们根本没有觉察到这些东西其实都是伤神害身的。一旦撒手人寰，只留下孤零零的灵魂在彼世遍受苦难，而生平积攒的财物则为后世子孙争来夺去，或打官司，或遭杀戮，或被诅咒。于是，原来是手足之情的兄弟，也拿起刀来互相残杀，落得个"身灭家残"。这一切无不由贪奢之念兴起。但遗憾的是现今世人对这一点很少能够知晓开悟；四感太上众尊、大圣真人的开化拯救。太上众尊、大圣真人感应现世迷乱，故特此降世来启蒙、开化人民，拯救三涂，接济五道，让幽魂不再备受折磨，而是超升福堂，家族也能延续承传，接受庆惠。这是世上极其少有的恩德，故此我们应当竭命奉行，不得懈怠；五感我师的开度之恩。陆修静说，我能够获得太上众尊、大圣真人降世授福，使我遗荣遗辱，求道长生，必须要感谢道师的开度之恩。因此，每在行道之日，我都心诚意切，努力修建功德，即便身困体疲，也在所不辞。最后，陆修静说，假如能够时时秉承这五感之心，那么，劳心损力，不觉其苦；冻身彻骨，不觉其寒；崎岖险阻，也不觉其难，总之，就是能自甘忍受各种各样无名至大的苦痛。

陆修静之所以要如此忍苦从法，自然是觉得当前这个世界罪恶太重，不这样修建功德是不足以拯救的，所以，陆修静说通过建斋，能够解救"亿曾道祖，无数劫来宗亲门族及己身家门无鞅数罪"。而他之前对刘宋的乐观期待也随着他初赴建康的惨痛经历一扫而光。之前他在《灵宝经目序》（作于 437）中认为自己正赶上时交运会、千载难逢的好时候，可现在在《洞玄灵宝五感文》（作于 453）中却自言自己"生值末世"，认为这个社会浮动虚伪，流荡荒淫，妖孽妄生，以致"教法纲颓"，颠倒败坏，已不再是之前所说的"大法方隆""法轮遍于八方"，其失望、无奈、痛苦之情不言而喻。最后，面对这浑浊、纷扰的尘土世界，陆修静说："至道清虚、法典简素、恬寂无为，此其本也。"提出清静、无为是"道"的根本，万物只有在清静的状态下，"道"才会来此居住。所以此时绝望的陆修静"卷志谢芳洁之声"，将自己之前统一新道教的伟大志向暂时搁置，不再对君主抱有什么希望，从而"保无用以自足"，逍遥度日，在老子的本无思想中安身立命了。

第3章

借得名山避世喧

一、拂衣南游

孝武帝治下的乱世

残酷的"太初之难"再一次拉开了刘宋皇族内部血腥残杀的政治序幕。元嘉三十年（453），刘劭弑父后自立为政，不得人心而众叛亲离，宋文帝刘义隆的第三子江州刺史、武陵王刘骏见机会到来，便以讨逆为名，率领江豫荆雍四州重兵攻入京城，杀死刘劭。刘浚见势不妙，仓皇逃走，后被擒获杀死。四月，刘骏在新亭（今南京南）即位，史称孝武帝。之后他将刘劭和刘浚的妻子、儿子、女儿等一同杀戮，整座京城弥漫着浓重恐怖的死亡气息。时人流传这样一首民间歌谣："遥望建康城，小江逆流萦。前见子杀父，后见弟杀兄。"语句虽然平易通晓，读来却触目惊心。

孝武帝刘骏，字休龙，小字道民。他即位后，汲取太初之难的惨痛教训，大肆削弱东宫官属，加强皇宫禁备力量，避免宋文帝悲剧的重演。为了更加稳固地坐稳他的宝座，孝武帝竟对他的手足兄弟展开了肆意屠杀。四弟南平王刘铄，向来为宋文帝宠爱，自矜才能，孝武帝秘密派人在药中下毒将他杀死；十弟武昌王刘浑，顽劣成性，嬉戏无度。有次他自立楚王，立年号，备百官，纯粹是好玩，不想被人告发，落下把柄，孝武帝竟借此逼他自杀。十四弟海陵王刘休茂也因在亲信张伯起的蛊惑下起兵反叛，兵败被杀。六弟刘诞是忠心为他作羽翼的，屡建功勋，但因他蓄养勇士，储藏精甲利器，加之造立第舍，穷极工巧，令孝武帝心中十分不快，将他调到广陵，出任南兖州刺史。之后有人密告刘诞谋反，孝武帝派大将沈庆之带兵攻讨广陵。刘诞兵败，堕水被抓，斩首京师，他的母亲、妻子均自杀而亡。广陵之战后，孝武帝痛恨这场战事时间拉得过长，竟迁怒于百姓，下令屠城。沈庆之于心不忍，极力要求身高不满五尺的免死，总算保全一部分人的性命。屠城时，女口不杀，"赏"给军人。孝武帝还命令把死者的头颅集中到石头城南，筑为"京观"（用死尸加泥土砌成高高的坟墓），以此炫耀他的辉煌战果，宣泄心中的怨气，真的是丧心病狂之极。

孝武帝在位期间的生活奢侈无度，他大修宫室，极尽奢华之能事。他拆毁了祖父宋武帝刘裕俭朴的宫殿，在原址上修建了极其豪华的"玉烛"新宫。他还生性好淫，广娶后妃，子女成群，仅儿子就多达二十八个。连他自己的亲生儿子刘子业都指责他好色成性。凡是闺房之内不论尊卑长幼，只要略具姿色的，都免不了被他强逼成欢，甚至与自己的亲生母亲路太后有着说不清楚的龌龊关系，引起民间一阵哗然。孝武帝的六叔父南郡王刘义宣的四个女儿自小养在宫里，个个生得花容月貌，孝武帝就趁她们入宫朝见太后的机会，把她们强留在宫中，竟然一起召幸。刘义宣对此十分痛恨，以清君侧的名义起兵十万反对孝武帝。此时淫乱无度的孝武帝早已失去了当初激杀刘劭的锐气和勇气，竟然打算让位给他。后经刘诞的竭力劝阻，孝武帝才派兵攻打刘义宣。不料刘义宣只是徒有声势，几次交锋后便溃不成军，刘义宣和他的十六个儿子全部被杀。刘义宣死后，孝武帝更加不可一世，每天在后宫宴饮狎亵。刘义宣的四个女儿中，排行第二的楚江郡主更是姿色超人，宠倾后宫。为了掩人耳目，孝武帝将她冒充为殷琰家的女儿，封为殷淑仪。殷淑仪后来生下一子，取名刘子鸾，排行第八，母凭子贵，殷淑仪可谓荣华富贵万般享尽。不想红颜薄命，大明六年（462）四月殷淑仪得病身亡，孝武帝伤心欲绝，多次领着后妃及群臣到她的坟墓前痛哭，还以哭的悲痛与否作为朝臣忠不忠心的表现。秦郡太守刘德愿哭得撕心裂肺，全身的衣服都被泪水湿透了，甚至差点昏死过去。孝武帝十分高兴，立刻封刘德愿为豫州刺史。还有个叫羊志的御医上来就泪如雨下，有几次哭得几乎背过气去。孝武帝非常满意，赏赐给他许多金银珍宝。之后有人问羊志："你怎么能够那么快就流眼泪？"他却说："那天我只是在哭我的亡妾罢了。"

离京南游

如此昏君，又如此乱世，真是人心骇疑，陆修静敏锐意识到眼下根本不是和朝廷合作的时候，便毅然离开建康，到江南长江流域一带云游传道，去为自己积累更高的道学名气和更深厚的道教资本。关于这一期间的具体活动，因资料有限，无法详作考查。据钟国发考证，正史《南齐书·张融传》中提到了在这一时期陆修静和张融曾经有过交往。史上记载，张融弱冠之年，陆修静曾将一把白鹭羽麈尾扇赠送给他，并说："这是稀罕之物，自然当奉送给稀罕之人。"在古人的观念里，男子二十岁就表示成人了，要为他举行一个隆重的冠礼仪式。冠礼要挑选吉日在宗庙举行，由父亲或兄长主持，设宴招待受邀的尊贵客人，并由指定的德高望重的宾客为行冠礼的青年加冠三次，分别代表拥有治人、为国效力、参加祭祀的权力。加冠后，由贵宾向受冠者宣读祝词，并赐上一个与他德行相当的美"字"，使他成为受人尊敬的贵族。张融，字思光，吴郡吴县（今江苏苏州）人，出身士族家庭，刘宋时任封溪令、仪曹郎等。为人举止怪诞、诡异狂放。据说他喜欢在荒山野岭到处游走，有一次被土人抓获，土人准备将他杀死吃掉，张融听了却是神色坦然，土人大为惊讶，结果把他放了。张融颇具文学才能，其代表作《海赋》，与晋人木华的《海赋》并为名作，又善草书。在思想上总体来讲是尊道抑佛，以道统佛。因此，在他行冠礼时，陆修静很可能就是受邀的尊客之一，从而有了和张融的接触。当然也有可能是张融年届二十岁时亲自去庐山拜访陆修静，陆修静为表对他的赏识将一把非同一般的白鹭羽麈尾扇赠给他。总之，赠扇之事当发生在陆修静隐居庐山之后而非之前即游历江南期间。不过，这件事也反映出士族出身的陆修静和上层人士的交往较为频繁，在上层社交圈中享有较高的地位。陆修静在隐居庐山之前很可能在他广义的家乡吴郡居留过，并肯定参加过某些上层社会活动，从而也使得他的新道教进一步走向上层化。

二、庐山隐居

在"拂衣南游"的八年时间里，陆修静通过与上层士族的频繁交往与交流，使得他的统一新道教思想进一步走向上层化、士族化。他的道学名气越来越大，他的道教经验越来越深厚，统一新道教的时机也越来越成熟，但是眼见孝武帝刘骏统治的政治越来越黑暗，内战连年不断，横征暴敛日益严重，社会动荡不安，各地人民不断起义，想要借助皇室力量的希望越来越渺茫，陆修静便萌生了在深山隐居的想法。大明五年（461），他来到庐山兴建道观，准备在此进行深度的隐居修炼。

道观其实就是道士进行修炼、布道等宗教活动的地方。据《释名》解释，所谓"观"就是指在上面仰头观望，"道"作为中国古代一种至高的精神追求，每个人都必须对它仰望，故名"道观"。"道观"还隐有观道，就如同观察星象一样，深不可测，只能揣摩之意。此外也有人认为，道士将其宗教场所取名为观，与他们重视天文、望气一类的观察活动有关。早期道教的宗教建筑有靖（静、静室）和治，另有些道室名庐、治，亦有称馆的。"靖"是指奉道之家所设立的静室，一般就在所居之处的附近，但必须与生活区隔离，且要洒扫干净，不杂余物，并置香炉、香灯等宗教物件，可见，"靖"就是为了区分仙与凡、道士与一般居民、奉道与俗事的界限而设立的；"治"含有管理、有序、安定、治疗、恩泽和教化等意思。道教发起者、第一代天师张道陵以四川的鹤鸣山为中心设立二十四治，这二十四治区既是天师道徒进行公共宗教活动的场所，如诵习五千文、有罪首过、符水治病、用章表与鬼神为誓约，也是天师道政教合一的领导机构，各治区置祭酒，统领道民，类似政府设立郡县城府以统治民众。由于这类宗教组织实行中央集权，重在教民的统一行动，根本上是为取代传统儒教社会体制而建构的，这样势必会遭到当权统治者的反对和镇压。加之后来天师道组织涣散，因此，从第三代天师张鲁政权收归曹操开始，这种政教合一的组织方式就已逐步走向瓦解，遭受孙恩、卢循暴乱的重创后，更是名存实亡，已不能适应客观形势发展的需要。这样，另外一种组织模式——纯宗教性的自治区体制便应运而生。陆修静在庐山建立的道观就是实行纯宗教性的自治管理模式。早在《陆先生道门科略》中他就提出将天师道治区道民的户籍称为副籍，附属于统治者为道民设立行政户口的正籍，这就意味着他承认道民是在封建地主阶级的统治之下的，有力地配合了封建地主阶级的统治。

选择庐山作为长期隐居之所

陆修静之所以要选择庐山作为长期的隐居修炼之所，首先自然是看中了那里的美丽风景。庐山是江西省北部的一座名山，位于九江以南，星子县以西。它东临鄱阳湖，北濒长江。

庐山山峰瑰丽，云雾蒸腾，清静幽雅，俊秀飘逸，再加上空气清净新鲜，有一种远离尘嚣、启人沉思的宁谧气氛，正是修炼布道的绝佳之地。早在东汉时期，天师张道陵就曾在此修炼。而当时流传着许多庐山的美好传说，也都是与仙境——道人的最高境界有关：第一种传说，早在周初（大约公元前 17、16 世纪），也有说是在周威烈王时候（公元前 4 世纪），有一位匡俗先生，在山上学道求仙，渐有名气之后，周天子多次请他出山相助，匡俗却每每回避，一心在此隐居修炼。后来，周天子再次派人去山中找他时，却发现匡俗已经消失得无影无踪了。有人就说他是成仙去了，人们便把匡俗求仙的地方称为"神仙之庐"。第二种传说，是在周武王时候，有一位方辅先生同老子李聃一道骑着白色毛驴入山炼丹，之后二人都得道成仙，山上只留下一座空庐。人们便把这座"人去庐存"的山，称为庐山。第三种传说，仍然是匡俗先生的故事，但时间较晚，情节也不大相同。说的是匡俗的父亲东野王，曾经同都阳令吴芮一道，辅佐刘邦平定天下。后来东野王不幸牺牲。朝廷为了表彰他的伟大功勋，赐封东野王的儿子匡俗为越庐君。匡俗有兄弟七人，都爱好道术，他们一起到鄱阳湖边的大山里学道求仙。这座越庐君兄弟们学道求仙的山，就被人们称为庐山。这些世代流传的美好传说令崇拜神仙的道士生出无限向往，纷纷涌向庐山，想借这座宝山得道成仙，实现道士的最高愿望。当然，这些仅是神话传说而已。实际上，庐山之名是与其山形地貌密切相关的。因为这里的山岳平地而起，四周险峻挺拔，中间平凹，整座山好像一个巨大的箕筐，故而有此名。

陆修静选择庐山作为隐居之地，还与庐山在当时业已成为宗教中心的重要地位有关。386年，佛学大师慧远在江州刺史桓伊的帮助下，在庐山的西北麓创建了东林寺。此后的三十多年时间里，慧远在庐山东林寺讲学不辍，勤于著作，大力弘扬净土宗，影响巨大。据《莲宗宝鉴》记载，兴盛之时，庐山师徒"往来三千人，真信之士一百二十三人"，其中就培养和造就了如慧宝、慧要、慧观等一大批高僧贤徒。庐山的文化地位由此得到空前的提高，成为中国南方的第二个佛教中心（第一个佛教中心是东晋首都建康）。

此外，陆修静选择庐山隐居，可能还隐有一层政治因素。当朝的皇帝孝武帝刘骏曾经担任过江州刺史，江州府治所在地寻阳郡即在庐山之北，好佛的孝武帝当年肯定游览过山峰秀丽的庐山，对庐山充满深厚的感情。陆修静选择庐山作为隐居地，也不排除想要引起朝廷的注意，希望能够通过另外一种方式达成与朝廷的合作。因此，陆修静的隐居其实不是真的与世隔绝，从小所接受的儒学传统不可能让他完全出世，即便出世，也是为了入世的出世。当然，他的入世也不是想自己谋得高官厚禄，从而进入政治权力体制中心，而是为了使道教从民间走向宫廷，进一步官方化，把道教事业发扬光大。

富丽雄伟的庐山简寂观

在这种心理的驱动下，针对佛教势力在庐山的西北麓兴盛，陆修静选择在庐山的东南麓发展道教势力。他把在庐山东南麓的金鸡峰下兴建的道馆取名太虚观（陆修静仙去后，朝廷追谥他为"简寂先生"，取"止烦曰简，远嚣在寂"之意，故后太虚观更名为简寂观，为行文统一，下文均称为简寂观）。陆修静一开始就把简寂观做得规模很大。整个简寂观为大山环抱，侧临东西双瀑，东瀑自远奔注，激石若雷，异常壮观；西瀑悬岩而泻，散珠喷玉，别样散逸。陆修静还在观的四周亲手植上了十四棵松树，树木积青似素，历千年而犹存，被后世称为"六朝松"。陆修静还为这些郁郁葱葱的松林建上"听松亭"。此外，陆修静还在观旁亲自种上一大片苦竹，整个竹林看起来郁郁苍苍，满目葱茏，堪称胜景。简寂观内规模宏大，建筑壮丽，金宫玉阙，十分辉煌，有山门、殿、阁十余间，据说可容纳数千人。其正殿尤为壮丽雄伟，面阔三间，平面呈正方形，殿中缭绕的香烟、排列有序的仙人走兽图像，在修竹的掩映下，显得格外幽雅恬静。正殿旁设有白云馆、朝真馆、炼丹井。正殿的正前面设有礼斗石，是陆修静讲道、观察星相的地方，石高六七尺，基座约一丈见方，因它朝向西北方的星座，故有此名。观后置有捣药臼、洗药池、放生池、赤壁石等。据马枢《道学传》记载，陆修静所构造的简寂观，"处所幽深，构造壮异，见者肃然兴昆阆之想"。意思是说，看到简寂观的各色建筑，竟能使人联想到昆仑山上神仙居住的一座峰峦——阆风，这既是对简寂观烟波浩渺的十足仙气的礼赞，也足以说明了简寂观建筑群的高大雄伟。

按罗时叙《点击大师的文化基因——庐山新说》的说法，南朝刘宋时，有官员上奏朝廷，建议：凡要建筑宗教精舍，都必须报请州郡批准。正如慧远的东林寺，就是他的同门师兄弟慧永奏请江州刺史桓伊时得到准许和帮助下建立的。可以推定，当年的简寂观在兴建之前肯定也要经过官方的批准。而且，它能够建造得如此超大规模、豪华壮观，其间若没有官方甚至是皇家经费的直接支持，是不可能完成的。总之，陆修静实际上通过或隐或显的方式取得了皇家的不少支持。

简寂观中的宗教活动

没有了世外的喧嚣，也没有了云游时的漂泊，在清静幽雅、富丽壮观的庐山简寂观，陆修静身心得到了一种前所未有的安定、惬意和满足，他完全沉潜下心，加紧闭门修炼，终于获得内外丹功，成为一代丹师，其"九丹秘绝，匪俗所闻""科术明炼，饵养精淳"之道亦为道俗所公认，引得后人纷纷对其礼赞，如唐代诗人白居易《宿简寂观》中说："何以疗夜饥，一匙云母粉。"朱熹游访简寂观时，曾留诗说："朝真石坛峻，炼药古井深。"后人的这些诗虽不乏溢美之词，但陆修静在这方面所花费的功夫之深和成效之大由此可见一斑。

除了修炼、布道之外，陆修静在简寂观最大的活动便是建置道藏阁。据传，阁中珍藏有当时宋孝武帝御赐的道家经书、药方和符图，用一只只有着龙形花纹装饰的工艺精良讲究的小箱子盛装起来，相当贵重精美，这是陆修静专门奏请孝武帝御赐的。孝武帝虽然是残忍暴虐、好色贪侈之人，却也不乏高超的文化修养。如他的乐府诗《丁督护歌》曰："闻欢去北征，相送直渎浦。只有泪可出，无复情可吐。"写得清新自然、饶有兴味。甚至有人称他开创了帝王写民歌的先河。孝武帝的赋也写得情真意切，如为悼念他心爱的英年早逝的殷淑仪，他效仿汉武帝的《李夫人赋》写了一篇悼赋《伤宣贵妃拟汉武帝李夫人赋》，其中有句："流律有终，心情无歇。徒倚云日，徘徊风月。"颇具文学造诣，足令天下文人折服。如刘勰《文心雕龙·时序》称叹"孝武多才，英采云构"；王夫之评价孝武帝《登作乐山》说："得之于悲壮，而不疏不野，大有英雄之气。"

除了孝武帝御赐的经书、符图，再加上陆修静历尽千辛万苦、走遍江南巴蜀搜集来的各种经书，全部收藏保存在道藏阁里，成为当时最完备的道家藏书。道藏阁的四壁还嵌有碑刻，上面刻了孝武帝所赐经书、符图的目录，意显皇家对道教的大力支持，从而提升道教在世人心目中的地位。陆修静在道藏阁里遨游于如山的道家经籍，沉潜于高深的道教理论，日夜不息，获得渊博道学，不仅在道术上日益精进，在教理教义上也有了深远的理解，不但为日后编撰《道藏》和创立道教仪式奠定了坚实的基础，也为道教从粗陋鄙俗的巫觋方术演进成具有哲理、神谱、仪式、方法等完整体系的宗教作了充实的准备。

简寂观在后世的兴衰

简寂观在唐以前一直是庐山道教最重要的宫观和最大的道教修炼场，兴盛时住有道人多达五六百人，香火极旺。唐宋时期，影响犹在。许多高道如许坚、钱朗、孙晟等曾先后在此长居过。也有许多文人如顾况、韦应物、白居易等纷纷慕名前来游观，赋诗题赞。如顾况《望简寂观》诗曰：

青嶂青溪直复斜，白鸡白犬到人家。

仙人住在最高处，向晚春泉流白花。

韦应物曾留《简寂观西涧瀑布下作》诗曰：

淙流绝壁散，虚烟翠涧深。

丛际松风起，飘来洒尘襟。

窥萝玩猿鸟，解组傲云林。

茶果邀真侣，觞酌洽同心。

旷岁怀兹赏，行春始重寻。

聊将横吹笛，一写山水音。

白居易写《宿简寂观》：

岩白云尚屯，林红叶初陨。

秋光引闲步，不知身远近。

夕投灵洞宿，卧觉尘机泯。

名利心既忘，市朝梦亦尽。

暂来尚如此，况乃终身隐。

何以疗夜饥，一匙云母粉。

齐己也作《宿简寂观》诗曰：

万壑云霞影，千年松桧声。

如何教下士，容易信长生。

月共虚无白，香和沉瀣清。

闲寻古廊画，记得列仙名。

在文人们看来，那云霞碧影、流水潺潺、千年松声、猿欢
鸟鸣、云林掩映下的简寂观，就是令人心驰神往的人间仙境。
在这里，人们"名利心既忘，市朝梦亦尽""聊将横吹笛，一

写山水音"，世俗之心、名利之累全都淡然而去，"茶果邀真侣，觞酌洽同心"，投身自然，和仙真们畅游，简直可以长生不老了。简寂观由此成为历代文人游览的一块胜地，在文人心目中享有绝高的地位。

但在南宋之初，简寂观却遭到了南侵金兵和李成之流的劫掠，逐渐走向衰败。其后不胜修葺，更是日益萧条，难复旧观了。对此，文人纷纷留诗宣泄心中的缺憾。如南宋理学家朱熹来此朝拜时，曾写《分韵得眠意二字赋醉石、简寂二篇呈同游诸兄》（简寂篇）诗曰：

　　天秋山气深，日落林景翠。

　　亦知后骑迫，且复一流憩。

　　环瞻峰列屏，迥瞩泉下潈。

　　永怀仙陆子，久挹浮丘袂。

　　于今知几载，故宇日荒废。

　　空余醮坛石，香火谁复继。

　　更怜韦刺史，五字有真意。

　　虎竹付归人，悲风起横吹。

　　沉吟向绝迹，浩荡发幽寄。

　　来者知为谁，念我傥三唱。

明代王思任游览简寂观时，见到的也已是满目凄凉，他也作诗表达内心无比的痛惜：

　　简寂元名观，于今寂更芜。

　　问松寻道士，指瀑失田夫。

　　古鼠巢萝殿，荒鸡叫草厨。

到了清代简寂观则更加败落荒寂，据说黄宗羲曾到访简寂观，居然荒凉得无路可寻，向路人询问也"多不知者"。简寂观当年的兴盛可谓荡然无存。清人商盘《简寂观》诗亦云：

> 演经捣药已无踪，古观丹崖翠壁重。
>
> 要识庐山先辈面，含情一抚六朝松。

可是，就连"六朝松"也经受不住历史命运的冲刷、考验。清人成光赋《简寂观古松诗》写道："累何匡山松，阅历万霜雪。铁干入云根，乔枝逼天阙。高士昔手植，倏然共峻洁。丹经几被读，瑶草肆采掇。鸾鹤久寂寞，虬龙转突兀。桂楫隔千里，矫首清兴废。所期怀古微，殷勤戒剪伐。"曾几何时，六朝松高然耸立，峻意凛然，松下的道士们安然惬意地读着丹经，但可惜的是，后人并未"殷勤戒剪伐"。长年的剪伐、不加节制地窃取松脂，致使"历千年而犹存"的"六朝松"渐渐萎顿坏损，至民国时居然连一株都未能存活。

如今的简寂观仅空余几座简陋的房子，观外炼丹的各种设施早已不复存在，松林、苦竹也遭到沦戕，只有那块一丈见方的"礼斗石"还在孤零零地躺着，石上刻诗依稀可辨：

> 古地名踪一任游，山青如故水长流。
>
> 当年礼斗人何在？石上空余绿意浮。

"当年礼斗人何在？"这既是对陆修静个人仙去的遗憾，也是对后人难复简寂观旧盛的追问。从根本上讲，简寂观的衰败是道教整体上的衰败所导致的。正如清代著名戏曲理论家李渔的那副对联所写的：

> 天下名山僧占多，也该留一二奇峰栖吾道友。
>
> 世间好语佛说尽，谁识得五千妙论出我先师。

三、有关陆修静的庐山佳话

从461年陆修静入住庐山到467年受宋明帝再三召请出山讲道，陆修静在庐山的简寂观整整生活了七个年头。在他羽化之后就流传着许多关于他与庐山的佳话传说。无论真与假，从这些佳话传说中我们都能深切感受到陆修静在庐山以至于在道教的重要地位及价值。

"甜苦笋"的美谈

一直以来，庐山流传着一句名言："简寂观中甜苦笋，归宗寺里淡盐斋"，意思是说，陆修静在简寂观旁种植了大片的苦竹，长出的苦笋味道反而是甜的。而当时庐山的著名佛刹归宗寺做的咸菜，味道却越来越淡。后人便把"甜苦笋"作为一段美谈记载下来，不断地咏唱。如北宋诗人苏轼、苏辙兄弟游览庐山时，曾在简寂观就餐，还吃了竹笋做的斋菜。之后苏辙写下《游庐山山阳七咏简寂观》诗说：

> 山行但觉鸟声殊，渐近神仙简寂居。
>
> 门外长溪净客足，山腰苦笋助盘蔬。
>
> 乔松定有藏丹处，大石仍前拜斗余。
>
> 弟子苍髯年八十，养生世世授遗书。

其中"山腰苦笋助盘蔬"便是赞美苦笋的味甜。

宋人钱闻《甜苦笋》诗说：

> 先生仙去拥霓旌，数宇犹存简寂名。
>
> 还向个中真得味，从教甜苦笋边生。

南宋周必大《五月三日游简寂食甜苦笋知观欧阳齐年求诗》曰：

> 疏食山间茶亦甘，况逢苦笋十分甜。
> 君看齿颊留余味，端为森森正且严。

诗人们都在感叹简寂观的苦笋一下肚，就感觉余味无边，甜蜜无限。从诗词上看，这些文人口出此言并非人云亦云，而是经过了一番亲自实践之后才郑重写诗来赞美的。所以，宋人吴曾《能改斋漫录》中指出："'简寂观前甜苦笋，归宗寺里淡盐齑'，盖纪实耳。"是果有其事的。当然，菜味发生改变，应该是与当时庐山的水土有关，似乎也不值得如此地大肆宣扬。不过，道徒们却认为菜味由苦变甜是由于陆修静强大的法力所致，是道教的圣水浇灌而成的。因而这种宣扬就变成了对陆修静强大法力的褒扬。况且这里还涉及佛道斗争的问题，说简寂观的笋由苦变甜，归宗寺的菜却由咸变淡，就分明寓有扬道抑佛之意。自从陆修静在庐山兴建简寂观之后，庐山的道教事业得到很大发展，此后就先后建立了祥符观、先天观、景德观、白鹤观、广福观、太平宫等道观，使得庐山的道教势力日益壮大，甚至足以与庐山的佛教势力相抗衡。因此，这句名言看似是在说菜味的不寻常，实质上却反映出当时庐山佛道两教在发展过程中的相互排斥和斗争。

"虎溪三笑" 的传说

最有名的传说就是"虎溪三笑"了。三笑的主角是陆修静、慧远和陶渊明。慧远，净土宗的开创者，东晋太元八年

（383），他来到庐山定居，三年后建造了东林寺，不久又创建了净土宗，信众甚多，势力强盛；陶渊明，田园诗的开山之祖，隐居彭泽（今江西九江）粟里，其"不为五斗米折腰"的故事传为美谈。相传陆修静与慧、陶二人极其友善，过从甚密。三人经常在一起谈禅论道说政，陶然忘时。陶渊明还常坐着抬椅来到简寂观，与陆修静畅游紫霄峰，弟子们总是提酒跟随，二人一坐下来就开怀畅饮，乐而忘返，因而在紫霄峰南崖还留有二人的"对酌台"。又据《古今图书集成·氏族典》中记载，陆修静与陶渊明、慧远三人共结白莲社，同为白莲社成员，其间相与往来，甚为融洽。南宋淳熙年间，时任南康军守的理学家朱熹游览朝拜简寂观，题"连理""岱宗"四大字，并留诗云：

> 高士昔遗世，筑室苍崖阴。
>
> 朝真石坛峻，炼药古井深。
>
> 结交五柳翁，屡赏无弦琴。
>
> 相携白莲社，一笑倾夙心。
>
> 岁晚更朝市，故山锁云岑。
>
> 柴车竟不返，鸾鹤空遗音。
>
> 我来千载余，旧事不可寻。
>
> 四顾但绝壁，苦竹寒萧参。

这是说高道陆修静在朝真、炼丹之余，还结交五柳翁（陶渊明）、慧远，并一起进行赏琴、创建白莲社等活动，而"一笑倾夙心"则又表明这三人的交往心心交印，极其和谐。

虎溪是指庐山东林寺门前的一条小溪，溪水常年曲折绕寺，潺潺流淌。相传慧远定居东林寺三十年，影不出山，迹不入俗，送客以溪为界。若过溪，寺后老虎就会吼啸起来，故此名虎溪。有一次，慧远送别陶渊明和陆修静，由于情投意合，相交甚欢，他们边走边谈，不知不觉走过了虎溪，这时老虎吼叫不已，三人相视大笑，这便是"虎溪三笑"的来历。

"虎溪三笑"作为经典佳话，广为流传，历代文人墨客纷纷作画赋诗题赞，李白《别东林寺僧》诗云：

东林送客处，月出白猿啼。

笑别庐山远，何烦过虎溪。

宋代画家石恪《三笑图》、李伯时《白莲社图》都将这段佳话融入画中。苏轼《佚老堂》也题诗曰：

我从庐山来，目送孤云飞。

路逢陆道士，知是千岁人。

试问当时友，虎溪已埃尘。

写得仙气十足。黄庭坚亦作《戏效禅月作远公咏》诗戏曰：

邀陶渊明把酒碗，送陆修静过虎溪。

胸次九流清似镜，人间万事醉如泥。

近现代孙墨千、傅抱石等也都画有《虎溪三笑图》。足见虎溪三笑千古传唱，至今不衰。甚至还有人说："庐山之名因三笑而高，慧远如巨峰，陶渊明如奇岩，陆修静如飞泉，三者相依成庐山，三贤相依成盛名。"

但实际上虎溪三笑是不真实的，因为故事中的三位主人公并不同时，自然不可能同时产生三笑。早在明代，儒学提举王祎在《自建昌还径行庐山下记》中就说出了自己的困惑："修静始来庐山，时慧远亡且三十余年，靖节死亦二十余年矣，安得所谓'三笑'乎？或曰晋盖有两修静也。"也就是说，当陆修静来到庐山时，故事中的另外两位主人公慧远、陶渊明已作古二三十年了，具体来讲，当五十六岁的陆修静开始入住庐山时，推算过来，慧远那时应当是一百二十七岁，而陶渊明也有九十六岁了。但实际上，慧远活了八十三岁，而陶渊明只活了六十三岁，所以根本不可能存在所谓的虎溪三笑。况且里面的一些细节也值得商榷，比如说到陶、陆二人开怀畅饮，事实上，从陆修静所宣扬的教理教仪来看，他根本不能而且不会喝酒。而且从当时佛道相绌的实际情形来看，陆修静与代表佛教势力的慧远就算同时，他们之间的相处也不可能如此密切，更不用说会是那么和谐了。然而这些理智的分析却并没有就此警醒后人，人们还是依然沉醉于虎溪三笑的世界中，开怀说道，乐此不疲，这除了归结于艺术的伟大魅力所致之外，也可看出人们对美好的和谐文化的追求，正如中国社会科学家胡小伟所言："这三个人都和庐山有一段佳话。陶渊明曾经在这附近归隐过，代表了儒家的这么一种寄托。慧远最早开始本土化中国佛教。陆修静在宋朝也是很重要的道士，所以就是把这三个人组织在一起。它还代表了一种三教从冲突，到磨合，到圆融这么一段思想文化的历史。后人为了给三教圆融找一个纪念的地点，就选到了庐山虎溪。宋朝人给它画了一幅画叫《虎溪三笑图》，所以后来有很多人在上面题字，使'虎溪三笑'的故事作为一个美谈延续下来。"而陆修静作为三位主角之一，也让我们看到了他对道教以及三教合一所作出的重大贡献及其重要意义。

第4章

再赴建康 名震朝野

一、三诏出山

在犹如世外桃源的庐山简寂观生活了七个年头之后，陆修静与庐山早已建立起相濡以沫的深厚感情，虽然"虎溪三笑"是不真实的，"甜苦笋"的说法甚至也可能是不客观的，但庐山美丽、清幽、洒脱、静寂的环境和简寂观井然有序、积极昂扬的道士生活已足以让他感到惬意、舒心了。他真的打算在此终了一生，和庐山永远相伴在一起。但此时刘宋王室的政权更替却使得他这一美好夙愿不得不发生改变。

"子承父业"的前废帝刘子业

自从"太初之难"后，刘宋政权日渐衰败、动荡不堪。大明八年（464）五月，荒淫无道的孝武帝刘骏因病死后，十六岁的太子刘子业即位登基，史称前废帝。刘子业是孝武帝刘骏的长子，但父子关系并不好。孝武帝生前曾三番两次地想将他的太子位废掉，这令他心怀怨恨。

极具讽刺意味的是，前废帝刘子业对他的父亲孝武帝虽然深恶痛绝，但在凶残荒淫方面却可谓"子承父业"，甚至是变本加厉，有过之而无不及。他在他父亲的葬礼上非但没有号啕大哭，反而面目欣然，似有得意之色。他刚一登基，就立刻派人赐死了年仅七岁的异母弟弟新安王刘子鸾。刘子鸾是孝武帝宠妃殷淑仪的儿子，受到百般宠爱。孝武帝生前建造的新安寺便是以刘子鸾的封号命名的。他一度想废掉刘子业重立的太子便是刘子鸾。可怜的孩子在父母双亡之后无依无靠，竟成为自己亲哥哥泄私愤的工具，临死前对左右说："愿后身不再生帝王家！"一个七岁的孩子竟然说出如此沉重的临终之言，令人动容。除去了刘子鸾，刘子业下令把他的母亲殷淑仪的坟挖了，让她死也不得安宁。他还想把自己父亲孝武帝的景宁陵也一起挖了，后经劝阻才算罢休。他指使下人到景宁陵倾倒粪便，自己亲临现场、肆意辱骂一番之后，才算解恨。前废帝对自己亲生母亲王太后也十分冷淡。太后病死前想见他一面，他都不肯，不久，太后含恨去世。

晚上前废帝梦见被他气死的太后指责他说："你不仁不孝，根本没有做皇帝的样子；你父亲暴虐无道，惹得天怨人怒，他的那些儿子们也没有一个能当皇帝的。以后皇帝还应该让宋文帝的儿子们来做。"前废帝醒来，十分害怕，便对宋文帝的儿子，也就是自己的叔父们心生猜忌。他趁这些叔父们入朝的时候，把他们统统扣留在宫中，对他们肆意捉弄、侮辱，变态至极。他把湘东王刘彧叫作猪王，建安王刘休仁叫作杀王，山阳王刘休佑叫作贼王。他对体形肥壮的"猪王"刘彧最感兴趣，经常捉弄他，命人在地上挖个大坑，在坑里倒进水和泥，做成一个猪圈的样子，接着脱光刘彧的衣服，把他扔进坑里，再拿木槽盛上剩饭，搅入杂菜，让刘彧四肢着地，爬到那个木槽像猪一样吃食。有一次前废帝命人把刘彧的衣服全部脱光，手脚绑起，用木杖抬着进御厨，说是今天要杀猪。刘休仁在一旁傻笑说："猪不该死。"前废帝问他为什么，他说："这猪现在杀了太可惜，等陛下过生日时再杀了他取出肝肺，岂不是更好？"前废帝大笑："好，那就改日杀猪。"后来前废帝多次打算杀死刘彧，都亏了刘休仁在旁装疯卖傻，才混了过去。刘休仁的亲生母亲陈太妃年近不惑，容颜却显得十分年轻。有一次前废帝居然命令右卫将军刘道隆逼淫陈太妃，还让刘休仁在旁观看，并命令左右侍卫，刘休仁若有任何惊恐、愤怒的表情，就立刻把他杀掉。陈太妃为了儿子的性命，只得含恨受辱。而刘休仁竟然定力非常，整个过程一直目不斜视，脸上的表情一平如水。前废帝见他这个样子，也只好放了他。在当时这个壮观、威严、辉煌的皇宫里，一幕幕不堪入目的丑剧正在上演着，在这里，连最基本的人性都已丧失，更不用说儒家的仁义道德了。

前废帝对待大臣们也十分残暴。民间有传言："法兴是真天子，子业是假天子。"法兴是时任中书通事舍人（掌呈奏章和诏令的官）的戴法兴，曾备受孝武帝的宠信，颇有权势。他时常对前废帝的举动加以抑制，前废帝早就对他心怀不满，刚好借口将他罢免，后又责令他自杀。戴法兴的死令朝中大臣诚惶诚恐，人人自危。尚书令柳元景、尚书仆射颜师伯等大臣开始密谋废掉前废帝，拥立前废帝叔祖宋武帝刘裕第五子、江夏王刘义恭即位。结果被沈庆之出头告发，前废帝亲自率领禁兵冲入刘义恭的府邸，将他杀死，把他的尸体大卸八块，开膛破肚，切开肠胃，还挖下了他的两只眼睛，浸泡在蜜里，号称"鬼目粽"。刘义恭的四个儿子、柳元景和他的八个儿子及六弟与侄子们、颜师伯和他的三个儿子也都统统被杀害。而告发有功的望臣沈庆之，因为屡次劝谏前废帝，也使他颇为恼怒。景和元年（465），已经八十岁高龄的沈庆之竟然被人在前废帝指使下压在被窝里活活地窒息而死。

前废帝"子承父业"的还有荒淫无道。前废帝的后宫已有嫔妃万人，可他还不满足，居然将他的亲姑母新蔡公主刘英媚（宋文帝的女儿）强留后宫。此外，他还别出心裁，把各王王妃、公主集中起来，强令左右侍从奸污她们。南平王刘铄的王妃江氏，坚决不从，前废帝先将她抽打一百鞭子，又派人把她的三个儿子抓来，当面全部杀死。在场女眷们再也不敢违抗前废帝之命，只得含恨受辱，让那些侍卫为所欲为。对着如此荒淫场面，前废帝居然洋洋得意，细细观赏，还不时地拍手哈哈大笑。

宋明帝刘彧登基

也许是恶事做尽，心中发虚，前废帝竟然接二连三地做噩梦，梦见一些披头散发的女子喝骂他荒淫无道，离死期不远了。前废帝非常害怕，就找了几个巫师看看。巫师们说："陛下的后花园里有鬼啊。"前废帝一听，自己的小名可是"法师"，搞定几个区区女鬼还不容易？于是率领姐姐山阴公主、六宫的嫔妃宫女，再加上那些巫师们，组织成一支抓鬼大队，浩浩荡荡，向后花园的竹林堂进军。临行前，前废帝命人把"杀王"刘休仁和"贼王"刘休佑也带上，似乎是告诉"猪王"刘彧，杀完了鬼可就要来杀猪了。

　　那段时间，宫中不时传出谣言，说是"湘中有天子气"。这个"湘"字正隐指湘东王刘彧，这其实是刘彧为自己蓄造声势，暗中使人造作的流言。刘彧虽然关押在牢笼里，但他平素为人宽怀，颇得人心；前废帝却残忍暴虐，喜怒无常，他身边的人整天战战兢兢，性命难保，早就对他极度不满，他可谓四面楚歌了。恰巧，刘彧的秘书阮佃夫与前废帝身边的亲信寿寂之是同乡，靠着这层关系，刘彧把自己的亲信钱兰生顺利安插到前废帝身边，掌控着前废帝的一举一动，并趁机大力拉拢前废帝身边的侍卫。很快，前废帝的大部分侍卫，包括他最为亲信的寿寂之，都被拉拢到刘彧这一边来。他们时刻密谋着暗杀小皇帝、拥护"猪王"刘彧登基的计划，并耐心等待时机。

　　现在，前废帝去了后花园抓鬼，等抓完鬼就要来杀刘彧，可谓到了你死我活、你存我亡的关键时刻。前废帝连一个侍卫也没带，这也正是除掉他的大好机会，于是，一场弑杀皇帝的行动开始了。而此时在后花园的竹林堂里，前废帝正在大摆宴席，兴高采烈地庆贺自己射鬼（其实是几个稻草人扮成的鬼）成功。亲信寿寂之持刀带人猛然闯入，一刀就刺死了年仅十七岁、毫无防备的前废帝。跟随来抓鬼的刘休仁、刘休佑一看小皇帝已死，立刻奔向秘书省关押刘彧的地方，推举他登上皇帝宝座，史称宋明帝。接着，宋明帝刘彧给所有暗杀前废帝的人都封了爵位。对于刘子业的姐姐山阴公主，则以"淫乱"的罪名赐死，让她的三十个"面首"为她殉葬。这时，小皇帝的尸体还横在竹林堂，没人去管。还是当年那个在前废帝登基时交给他皇帝玺绶、感叹国家将要有祸的吏部尚书蔡兴宗看不过去了，悄悄地找来宋明帝刘彧的妻兄王彧，劝他说小皇帝虽然暴虐，但也曾是天下之主，应该按礼厚葬，如果像现在这样子，必然会天下大乱。王彧告诉了新皇帝宋明帝，宋明帝也觉得有理，就命人为小皇帝收尸，把他草草埋葬在秣陵的乱葬岗子中。

宋明帝刘彧是宋文帝的第十一子，他从小就喜读诗书，曾撰写《江左以来文章志》在世间流传；又续补卫瓘注疏的《论语》二卷亦有一定影响。宋明帝是在一片血淋淋的杀戮中登基称帝的。即位后的他自然更需要礼贤下士、呵护宗教，作一番特别美丽壮观的粉饰。文化素养颇高的宋明帝开始诏请民间素有声望的隐士入朝，为自己的朝政锦上添花。《南史·隐逸列传》就提到宋明帝泰始初年曾经诏请明僧绍和楼惠明入京，不过都遭到他们的婉言谢绝。这时候，宋明帝想到了隐居庐山的高道陆修静。

对宋明帝的考验

泰始元年（465），宋明帝的侄子建平王、冠军将军刘景素带着二十二岁、正依附他做幕僚的文人江淹，来到庐山简寂观一带考察。面对着紫气萦绕的奇峰异景，才思超群的江淹当时写下了《从冠军建平王登香炉峰》诗：

广成爱神鼎，淮南好丹经，此山具鸾鹤，往来尽仙灵。

瑶草正翁蕤，玉树信葱青，绛气下萦薄，白云上杳冥。

中坐瞰蜿虹，俯伏视流星，不寻遐怪极，则知耳目惊。

日落长沙渚，曾阴万里生，藉兰素多意，临风默含情。

方学松柏隐，羞逐井市名，幸承光涌末，伏思托后旌。

香炉峰位于庐山南部，与陆修静简寂观的位置相当。因此，江淹这首诗，从道教所崇敬的仙人广成子和崇好道术的淮南王刘安在庐山的传说开笔，并说这座山中"往来尽仙灵"，显然正是对作为高道仙人的陆修静的赞美。中间用了大量笔墨描绘了庐山的秀丽风光：玉树葱茏、紫烟缭绕、白云飞舞、流星忽闪，在这临风听云的人间仙境，江淹对自己追逐市井名利的粗俗鄙陋表示羞愧，希望自己能够弃除名利，长期隐居在此。最后又说："幸承光涌末，伏思托后旌"，"光涌"是美好篇章的意思，"后旌"是"后乘"之意，这句话分明又有以文章自负、意欲在社会上有一番作为的意思。由于这首诗是针对陆修静写的，因此它实际上也是在暗示陆修静的即将出山。总之，刘景素和江淹这次的庐山考察之举可视为宋明帝召请陆修静的前奏。

泰始三年三月，宋明帝正式召请陆修静出山，他派江州刺史王景文带着厚礼到庐山简寂观聘请陆修静。这个王景文就是王彧，是宋明帝的妻兄。为避宋明帝刘彧的名讳，特意改名为王景文。可笑的是，当初宋明帝的父亲宋文帝就是因为王彧和刘彧同名，才做主联姻的。面对着王景文的以礼敦劝，此时的陆修静不禁心潮澎湃、思绪难平，矛盾重重。他当然想更直接地借助皇室力量来提高道教的影响力及其宗教地位，实现他积年的统一新道教的宏图壮志，但是，所谓"一朝被蛇咬，十年怕井绳"，当年自己曾血气方刚地赴京城为宋文帝讲道说法却以失败告终的经历仍然记忆犹新，谁敢保证此番的下山入宫不会是他第二次的失败呢？再者，和清幽、寂静的庐山简寂观相濡以沫了这么多年，假若真要决然离去，心中必是不舍。权衡再三，陆修静决定拒绝宋明帝的诏请。他对王景文说自己年老力衰，身体有病，实在去不了。其实，陆修静也想借机给宋明帝一个考验。他当然明白违反皇帝的诏令是会被杀头的，况且作为儒学道士，他其实一直在尽量主动地配合着封建儒家的统治政策。而且他与朝廷之间也一直存在着或隐或显的合作关系。只是一旦真要介入皇室，陆修静不得不犹豫了。眼前的这个宋明帝会是宋文帝第二吗？他不知道。所以他想通过这种方式来考验一下宋明帝的诚心和耐心。假如宋明帝真有诚意，肯定会来再三邀请，假若没有诚意或耐心不够，自然也不会派人上山。那么，他和他的弟子们也乐得在庐山逍遥度日了。

陆修静此举是明智且颇有成效的。当宋明帝听说陆修静托病不肯下山时，他不但没有恼怒，反而对他更加倾慕，居然屡次下诏，邀请他下山入宫，显示出极大的诚意和耐心。如此一来，陆修静就不得不应诏出山了。也许宋明帝不是他真正理想中的明君，他统治下的国家也不是他真正理想中的治世，但是所谓"老子尚委王官以辅周室"，意思是说老子还接受周王的委派，担任周守藏室之史的官职，时间长达三十余年。而晚周的窝囊天子还未必强于礼聘自己的当今皇上呢，自己又何必苟责天下无道而非要独善其身呢！何况自己已是六十二岁高龄的老人，还能有多少时间等待呢？在经过这样的思想斗争和自我安慰之后，陆修静终于决定带着弟子们出山赴京了。据说离开庐山的那天，有熊虎猿鸟聚集满路，悲鸣不止，一直送他出山。

二、舌辩群雄

从道佛相绌到道佛相融的转变

经过世事磨炼的老年陆修静，与壮年时期相比，明显要隐忍得多。当年的陆修静初赴建康时，年轻气盛，意气风发，他曾在《灵宝经目序》中慨然地说："众道势讫，此经当行。"意思是说，所有的宗教都该让位他的以《灵宝经》为核心的统一新道教，他所说的行将结束之"众道"自然也包括了佛教。但再次出山的陆修静在面对佛道之争的问题时却明显少了份尖锐，多了份圆融。

在下山经过九江时，延请陆修静出山的江州刺史王景文向他请教道教与佛教的得失异同问题，他异常谦逊地回答说："在佛为留秦，在道为玉皇。斯亦殊途一致也。""留秦"的梵文是 Krakucchanda，旧时多译作俱留孙佛、鸠楼孙佛、拘留秦、俱留秦等。留秦则是简省的称法，是佛教所说的过去七佛之第四佛，也有说是现在贤劫所应出千佛之第一佛，是所应断已断、灭累、成就美妙等意；"玉皇"可能是道教中所说的上清高圣太上玉晨玄皇大道君的简称，亦即灵宝天尊，它在后来齐梁高道陶弘景编定的《真灵位业图》中位于上位之第二中位，仅次于元始天尊，为万道之主。陆修静将二者并举，并说它们殊途一致，可以看出他的确是没有或是很大程度上的排佛之意，而是主张要尽量地以道融佛，与他早年对佛教排斥的偏激态度完全不同。这固然与当时佛教如日中天的稳固地位有关，但同时也是陆修静汲取教训、世事隐忍的结果。当然，兼容并不等于无原则地被同化，在佛与道的关系问题上，陆修静还是非常坚持自己的本位立场的。

顺着长江而下，陆修静一行到了京城建康，宋明帝把他们安排住进后堂，后堂即华林园后堂，华林园本是三国孙吴时的废旧宫苑，位于玄武湖南岸，包括鸡笼山的大部分。东晋时园林经过增修就已初具规模，宋文帝时在此基础上又大加扩建，保留景阳山、天渊池、流杯渠等胜景以及仪贤堂、拔楔堂等建筑，新建景阳楼、芳春琴堂、清暑殿、华光殿、华林阁、竹林堂、含芳堂等殿堂。此前的前废帝刘子业聚众淫乱、率人捉鬼的荒唐行为都在此地发生。刘宋宗室诸帝陆续召请民间的道、佛人士也入住于此。而从刘子业的捉鬼行为来看，这些后堂道士从事的大概还是一些低规格的巫觋活动。因此，士族出身、已经德高望重的陆修静对宋明帝的这一安排很不满意，不愿前去居住。宋明帝当即改令骠骑将军航裒请陆修静住进精舍，"精舍"特指佛教修行者的住处。宋明帝还不时派人前来慰问，陆修静这才在精舍安顿下来。

两场高规格的辩论会

这一期间陆修静的名声忽然大涨，起因是两次高规格的辩论会。第一次是宋明帝命令司徒建安王、尚书令袁粲在庄严佛寺"设广燕之礼，置招贤之座"，燕之礼中的"燕"通"宴"，即饮食之礼，它是古代五礼之一嘉礼中的一种，嘉礼就是指和合人际关系、沟通、联络感情的礼仪。被袁粲请到的时贤不仅有"飞辩河注"的玄学之士，也有"抗论锋出"的硕学沙门，还有"温柔敦厚"的饱学儒士。看来，朝廷是想在最高规格的地方将儒释道会合在一起。陆修静在这一次辩论会上的表现特别突出，《道学传》说他"标理约辞，解纷挫锐"，坦然演讲道教义理，辩难解题，话说得既简练，又到位，令各位王公大人心悦诚服。会后，袁粲将这一次辩论会的内容向宋明帝报告，宋明帝听后肃然起敬，对陆修静更加刮目相看。

过了几日，宋明帝亲自在华林的延贤馆宴请儒道释三教头面人物和当时的大学者聚会，这实际上是专门为陆修静举办的第二次辩论会。陆修静也知晓其意，格外重视。那一次，陆修静头戴鹿巾恭请宋明帝入座，"鹿巾"即鹿皮巾，是古代隐士戴的一种头巾，陆修静以此表明自己的身份立场。此举令宋明帝对这位高道异常尊重。在宴会上，陆修静同样口若悬河，舌辩群雄，并解答各种各样的疑问，甚至诘难。当时有一位王公向他问道："道教为什么不讲二世？"所谓二世，是佛家用语，其实就是三世，即过去、现在和未来。佛教之三世是以今日之我为核心，我生之前之我为过去之我，我死以后之我为未来之我。由三世的生死相连而生出因果报应的说法，即现在种种皆前世之果，未来种种因在今生。中国本土平素并没有这种概念，因此王公这一问不啻一个诘难，其尖锐程度虽远不及其后形神生死之争，但仍切中肯綮，可谓实开南北朝佛道论争之先。面对这个诘难，陆修静没有丝毫退缩、畏难的情绪，他慨然回答道："经云：'吾不知谁之子，象帝之先。'既已有先，居然有后；既有先后，居然有中。庄子云：'方生方死。'此并明三世。但言约理玄，未能悟耳。"陆修静的意思是说，老子曾经讲过："我不知'道'是谁的后代，似乎是天帝的祖先。"这句话其实就已经暗含后与中的区别了。前、后、中也就是佛教所讲的过去、未来和现在的三世说。庄子也说："方生方死。"死意味着过去，生表示现在和未来，生和死同样是相连的。陆修静总结说老、庄讲的这些其实都是三世，只是因为语言简练、道理玄深，难以领会罢了。老子说的"吾不知谁之子"句出自《老子》第四章："道冲，而用之或不盈。渊兮！似万物之宗。挫其锐，解其纷，和其光，同其尘。湛兮似或存。吾不知谁之子，象帝之先。"是说大道深远奥妙，它虽然空虚无形，其作用却是无穷无尽，是为万物之主。庄子的"方生方死"句出自《庄子·齐物论》中"物无非彼，物无非是。自彼则不见，自知则知之。故曰：彼出于是，是亦因彼。彼是方生之说也。虽然，方生方死，方死方生；方可方不可，方不可方可；因是因非，因非因是"，讲的是万物齐一，本质相同。陆修静此处引用，显然是在曲解老、庄，以此附会佛家教义，但

070

王公们听他这样从容引述，兼容佛、道，无不赞赏，无不折服。

陆修静强调佛道二教"殊途一致"的态度也是符合宋明帝的政治需要的。对统治者而言，一般来讲，讲究等级、秩序的儒家思想才是立国之本，而佛道终究不过是顺利推行儒家统治的辅助工具，所以在他们看来，儒家思想是属于主导地位的，对宗教则抱着一种"信而不虔"的态度，既保持一定的距离，不使任何宗教成为占统治地位的意识形态，又保持必要的礼敬，发挥宗教对群众的凝聚作用，而且统治者还必须注意尽量维持各个教派之间的平衡，并不过度偏重某一教派，以免养虎为患，威胁他们的当权统治，也防止遭遇冷落的宗教势力聚众作乱，产生暴力反抗。因此我们看到，刘宋帝王一般都采取佛道同敬的态度，比如宋文帝，他礼重佛教人士竺道生等，为其建造佛寺、铸佛像的同时，也礼敬道教人士，除了曾经召请陆修静入宫讲法之外，还派遣使者慰劳探问沈道虔，赏赐钱财，并命令当地郡县令要对他随时给予资助。宋明帝尤为如此，一方面，他建立豪华奢侈的湘宫寺，延请法瑗、释慧隆等名僧入寺开讲，礼敬释道猛、法恭、释宏光、释慧隆等，还命晋熙王刘燮跟从僧璩请戒，令释智藏代他出家，足见崇佛甚笃；另一方面，他也积极寻纳有名望的道教人士，并尽量善待他们。除了礼遇陆修静，他还为道士孔灵产（孔稚珪之父）在禹穴（即今浙江绍兴的会稽山）旁建立怀仙观，供其居住。总之，佛道同敬既是统治者笼络也是挟制宗教势力的有效手段。因此，陆修静由佛道相绌的偏激转变为佛道同尊的融通态度是令宋明帝满意的，由此也更加赢得了他的信赖和尊崇。

三、御造崇虚馆

崇虚馆：南朝道教的核心

通过这两次高规格的辩论会，陆修静在京城建康算是站稳了脚跟，彻底博得了宋明帝的青睐，也使得南方道教在主流文化圈里有了稳定的立脚点。为表对陆修静的尊崇，也想借此笼络他，宋明帝向他许诺荣华富贵、名利地位等各种赏赐，陆修静却眇然不顾，对高官厚禄丝毫不感兴趣。这固然说明他志不在此，但同时他也想以此告诉宋明帝他的纯宗教立场，正像他在延贤馆的宴会上头戴鹿巾一样，他就是一个地地道道的出尘道士，现在虽然倚居皇家，但仍要严守"方内"与"方外"之别，保持自己的宗教本位立场。他可以接受皇家的恩惠，也可以配合当权者的统治政策来推动他的道教事业，但绝对不允许自己像旧天师道的政教合一一样，将教权混同于政权，介入政治权力体制，从而导致最终惨败的下场。对于这一点，宋明帝居然给予了充分的理解，根据陆修静的心愿，为他在建康附近专门建造一座道馆——崇虚馆，来表示对他的极高礼遇。

有了宋明帝直接的经费支持，又是为宋明帝极度倚重的道教红人建馆，因此，崇虚馆"盛兴造构"，想必比庐山的简寂观还要宏大华丽。至于崇虚馆坐落何处，马枢《道学传》中只说是在建康北郊，而元代刘大彬的《茅山志》卷十五说是在"潮沟"，元代张天雨的《玄品录》则说是"天印山"，可能"潮沟"和"天印山"这两个地方相距不远，或许就是崇虚馆的位置所在，但这两个地方的具体位置，却没有言明，而且也无从详考。陈国符《道藏源流考》认为天印山即方山，但实际上方山位于建康东南郊，与《道学传》说的建康北郊自是不合。

对于陆修静来说，御造崇虚馆意义非同寻常。正像当年的魏太武帝为寇谦之专建天师道场（后称为崇虚寺）一样，使得北朝道教从原始民间宗教上升到官方正统宗教的地位一样，崇虚馆的建立也使得南朝的道教开始正式确立合法地位，崇虚馆由此成为南朝各道派的活动中心。在这里，陆修静大敞法门，广收道徒，积极从事推广道教的活动，名震朝野，在道俗中赢得极高声望。同时，他还继续之前在庐山没有完成的整理道教经典的工作。

多疑病重的宋明帝

泰始七年（471），宋明帝敕令嘉兴道士殳季真将上清真经全部交付陆修静。在宋明帝赐经的帮助下，陆修静终于完成他花费毕生心血的道教经典的整理编撰工作，完成《三洞经书目录》，这是中国道教编纂的第一部目录，意义深远。但就在这一年，宋明帝身患重病，疼痛难忍，精神状态也很不好。宋明帝刚即位时，精力充沛，尚能用贤任能，勇于平定叛乱，颇有君王之威，对陆修静也表示出极大的诚心和礼遇。但后来他却变得残忍暴怒，猜忌心也很重。宋明帝身体一贯多病，借腹所生的太子刘昱尚且弱小，势力单薄。他生怕自己死后太子地位不稳、性命难保，就一心想除去任何可能造成潜在危害的势力。宋明帝先把矛头对准孝武帝的二十八个儿子。孝武帝第三子、前废帝三弟晋安王刘子勋在江州长史邓琬的拥护下起兵反叛，并且相继得到孝武帝第七子、荆州刺史临海王刘子顼和孝武帝第六子、寻阳王刘子房等人的响应。宋明帝先斩定浙东，打败刘子房，再西上攻陷江陵、寻阳，杀掉了刘子勋、刘子顼。之后又继续大兴杀戮，将孝武帝的其余十二个儿子也无端杀害，至此，可怜孝武帝的二十八个儿子居然全部死绝。之后宋明帝又把杀人魔爪伸向自己的同父兄弟，泰始六年，他逼八哥庐江王刘祎自杀；次年暗杀十三弟山阳王刘休佑，诬杀十二弟建安王刘休仁，赐十二弟巴陵王刘休若死，同父兄弟中，只有十八弟桂阳王刘休范因人才庸俗，木讷愚昧，不足为惧，得以免遭毒手。而十二弟刘休仁曾和宋明帝在前废帝时同生死、共患难，并对他有过多次的救命之恩，却未能幸免于死。

宋明帝不仅连杀宗室，还诬杀大臣。同年，他责令智计突出而屡建功勋的骠骑将军、东兴县侯吴喜自杀，可笑的是，宣布的罪状中竟有"素得人心，岂可奉守文之主"这样的话。就连礼骋陆修静的国舅王景文也不放过。泰豫元年（472），宋明帝病重将死，他担心自己死后皇后临朝，她的兄长王景文必为宰相，这样王家势力过于强大，直接威胁太子刘昱的地位，所以宋明帝在死前的一个月，命令王景文服毒先死，说是"与卿周旋，欲全卿门户，故有此处分"。

"黄气异象"

为了替宋明帝禳除病患，陆修静率领众弟子建立露天三元斋。到了第二十天的夜晚，突然乌云密布，狂风大作，少顷细雨轻洒，整个天空变得湿漉漉的。晚上二更时分，陆修静来到斋堂唱诵时，堂前突然冒出一股黄气，形状犹如宝盖，由下往上飘升，居然高达十多丈，将整个台阶都覆盖住。片刻之后，黄气的颜色开始发生变化，渐成红、黄、绿、黑、白五色，将整个檐梁映照得暖暖的，非常漂亮。五色气徘徊许久之后，忽又回旋往转，飘至经台上才慢慢散去。当时在场者有一百多人，都亲眼所见。

事后，他们把这件事向宋明帝报告，宋明帝精神振发，病一下子就好了。那团神秘的"黄气"便被视为好的征兆，是"符瑞""祥瑞"。其实，所谓黄气异象，当然不可能是什么符瑞、祥瑞，若真是的话，宋明帝又何至于在第二年就病死了。客观上来讲，"黄气"很可能是当时出现的一种自然现象，只是由于无法进行科学的解释，便将它说成是神化的符瑞、祥瑞。甚至还有可能是馆中的道士为求得神秘、轰动的效果而制造的谣言或幻象。不过，如此神化的黄气异象却从另外一个侧面反映出崇虚馆在当时道教中的核心地位，以及陆修静本人在当时道教内部甚至朝廷、民间中的神圣形象。

第5章

统一新道教思想要旨

一、三派道经的传承谱系

道教经典的收集是一项极其烦琐、细碎的工作。入道以来，陆修静对此一直非常重视。他长年累月不辞辛劳地跋山涉水、苦苦追索，就是在入住崇虚馆的晚年时期，他还在四处搜寻。陆修静最后收集到的道经到底有多少？据清代康熙七年星炜重订的《庐山志》卷四记载，简寂观道士一直口口相传说，过去观中建有道藏阁，阁内置有陆修静奏请孝武帝御赐过的道家经书及符图一千二百卷，用一只只雕有龙形花纹的箱子装起来，后来陆修静应宋明帝的召请回到京师建康传道，道藏阁也随着被搬回建康崇虚馆了。虽然当时反映陆修静道经收集状况的《三洞经书目录》早已散失，但既然是简寂观道士一直口口相传的，那么陆修静藏有一千二百卷道书应该大体不差，可视为他收集道经的大致总目的一个旁证。而唐初的几位僧人所说的情况也基本一致，唐释明概《决对傅奕废佛僧事并表》曰："爰至宋朝，道士陆修静答宋明帝云：道家经书，并药方符图，总有一千二百二十八卷。"唐高宗总章元年释道世《法苑珠林》卷六十九《破邪篇·妄传邪教第三》曰："又按宋太始七年道士陆修静答明帝云：道家经书并药方符图等，总一千二百二十八卷。云一千九十卷已行于世，一百三十八卷犹在天宫。"大概此时陆修静收集的道经总目确为一千零九十卷，但既然是向宋明帝禀告，当时的宋明帝又处于尊崇道教的热度阶段，自然会千方百计派人寻觅那还在天宫的一百三十八卷经书，史上见于记载的就有宋明帝敕请叟季真将其保留的上清真经全部交付陆修静的事情。所以，陆修静最后收集到的道经总目应当是原先的一千零九十卷，再加上一百三十八卷，总共一千二百二十八卷。此外，北周甄鸾《笑道论》也说："道士所上经目《陆修静目》中，见有经书药方符图，止有一千二百二十八卷。"既然是道士亲自献上陆修静经目，这说明《三洞经书目录》在初唐时仍然幸存，因而他所说的一千二百二十八卷经目也是大致可信的。如此看来，陆修静在有生之年所收集到的道经应当总共为一千二百二十八卷。

东晋以来，南方民间流行的黄老道派，纷杂云生。其中影响较大的，除了汉末兴起的天师道以外，还有三皇派、上清派和灵宝派。从资料上看，这后三派的道经已被陆修静先后全部收集而得。通过对这三派道经传承谱系的梳理中我们可看出这一点。

三皇派的传承谱系

三皇派是三派当中兴盛较早的道派，奉持的主要经典是《三皇文》，即《天皇文》《地皇文》和《人皇文》的合称。相传天皇、地皇和人皇治世时，各授经文三卷，故又名《三皇经》，这显然是荒诞的宗教神话。比较可靠的记载则有两种说法。

一种说法源于东汉时的帛和。帛和，字仲理，益州巴郡（今四川重庆市嘉陵江北岸）人。早年热衷于道教事业，学得行气、辟谷等方术，之后来到西城山洞师从王君学道，西城山洞在唐代司马承祯的《天地官府图》所述的十大洞天中列名第三大洞天，王君就是它的主管仙真。当时，王君对前来求道的帛和说："大道的秘诀不是一下子就能得到的，你必须要付出极大的耐心。我现在要到山东的瀛洲去一段时间，你在这个石洞里慢慢修炼，注意要耐心观看这些石壁。看久看熟了，就能看到上面的文字了。你若真能见到，就一定要把上面的文字读诵出来，并铭记在心。只有这样，你才能得道。"说完就走了。帛和便独自留在石洞里苦心修炼、耐心观壁，时间过去一年，了无所得。但他谨记师父王君的话，仍坚持不懈地修炼、观壁，过了三年，终于看到了石壁上面的文字。帛和依照石壁文字写成《太清中经神丹方》《三皇文》和《五岳真形图》等经书，并经常背诵它们，很快就朗朗上口、铭记在心了。他的师父从山东回来，见此情景，就对帛和说："你已经得道了。"之后的传授情形则不甚了了。按葛洪《抱朴子·遐览》的说法：

"诸名山之岳，皆有此书，但藏之于石室幽隐之地。应得道者，入山精诚思之，则山神自开山，令人见之。"大概帛和秉着苦练得道的原则，也将自己依壁写成的《三皇文》等经书深藏在各名山大川中的隐蔽石洞里，希望那些苦苦修炼、真正得道的人能够拥有它们。三国孙吴时，一位名叫葛玄的道士来到天台山苦练修道，就在山上被授得《三皇文》等经书。葛玄，字孝先，琅琊（今山东）人，也有说是丹阳句曲人，道门人士尊称他为太极葛仙公。葛玄后来将他得到的《三皇文》等经书秘密传授给他的弟子郑隐，郑隐本为大儒士，明通五经，兼综九宫三奇，推步天文，《河》《洛》谶记，莫不精研。他长期教授《礼记》《尚书》，至晚年才开始崇尚仙道。葛玄对他非常欣赏，不但将炼丹秘术传授给郑隐，还授予他《正一法文》《三皇内文》《五岳真形图》《太清金液经》《五符》等经书。郑隐对这些经书也非常重视，他的弟子葛洪《抱朴子·遐览》就指出师父郑隐最看重的道书即是《三皇文》和《五岳真形图》等，之后，郑隐又将《三皇文》传给了葛洪。

另一种说法则与晋代的鲍靓有关。鲍靓曾官至南海（今广州）太守，从小好道，于晋元康二年（292）二月二日登上嵩山入石室清斋思道，达至一定境界时，忽从石壁上看见古三皇文，因当时没有法师传授，鲍靓就用四百尺绢布作为礼信，自盟而受。后来鲍靓将此三皇文传授给了他的弟子兼女婿葛洪。

两种传承版本的《三皇文》也形成了大小有《三皇文》的说法，其中，帛和的为小有《三皇文》，鲍靓的为大有《三皇文》，大概帛和和鲍靓都有得到《三皇文》，但二人自己又都有所造作，从而使其内容不尽相同，故产生了大小有之别。也有人认为鲍靓受经的故事与帛和的非常类似，因而鲍靓的大有《三皇文》很有可能是在小有《三皇文》基础上增添而成的。

不管是帛和的小有《三皇文》还是鲍靓的大有《三皇文》，最后都归结于葛洪。而据北宋张君房《云笈七签》卷六记载，葛洪所受授的《三皇文》在南朝刘宋时期已被陆修静收集而得。之后，陆修静传给弟子孙游岳，孙游岳又传给陶弘景。

灵宝派的传承谱系

灵宝派奉葛玄为祖师。葛玄志尚山水，入天台山学道，精心修炼，时间未满一年，就感通太上老君派遣太极三真人（指杜冲、淮南王刘安和徐来勒）在天台山上为他降授灵宝经。此前，太上老君就已命太极真人徐来勒做他的三洞法师。当时葛玄所受的灵宝经有二十三卷，加上《语禀》《请问》十卷，总共三十三卷。后来葛玄在山上将灵宝经传授给弟子郑隐，另又传给他的侄子葛海安（字孝爱，时为太子少傅）。郑隐又将灵宝经传授给弟子葛洪，葛海安则传授给他的儿子护军葛悌，葛悌又传给他的儿子葛洪，这就是道经中所谓葛玄经法，"一通付弟子，一通付吾家门弟子"，而最后又都归结于葛洪。葛洪将此灵宝经传给他的从孙葛巢甫，葛巢甫增添造作，皆依托太极葛仙公降授，使得灵宝经派风教大行。隆安时期（397～401），葛巢甫又将自己编撰过的灵宝经传给道士任延庆、徐灵期。任延庆其人已不可查考，徐灵期在道经中则有记载。据《南岳小录》《南岳总胜集》和《南岳九真人传》中所说，徐灵期曾在南岳衡山长期行道，建造衡岳观，于刘宋元徽二年（474）九月九日，在南岳上清宫白日升天。陆修静早年到访过南岳衡山，与当时还健在的徐灵期肯定有过交往。可以推定，大概就是那一段时期，陆修静就已从徐灵期处获得灵宝经，所以，他早在元嘉十四年（437）三十二岁时就能著成《灵宝经目》及《灵宝经目序》。

上清派的传承谱系

上清派信奉的最高尊神是元始天王和太上道君，其主要经典有《上清大洞真经》《黄庭经》等，这是道教吸取当时的医学成就加以糅合造作的养生、修仙古籍，以七言韵语描述人体五官、五脏、内腑诸神，更推广至全身八景神及二十四真之形象与作用，宣称恒诵神名及存思诸神形象，可以消灾祛病，令脏腑安和，却衰延年，甚而飞升成仙，其修炼内容以存思、存神为主（这是以精思凝想守护己身之神和存思与符箓两重的合二为一的修持方法）。

上清经的传承谱系最为复杂，历史记载也颇为详细。上清经的产生首先是与杨羲分不开的。杨羲，字羲和，生于晋成帝咸和五年（330）九月，本家大概是在吴郡吴县（今江苏苏州）一带，后来全家迁居到丹阳郡句容（今江苏句容县），在杨羲自称和神灵通交时，身边还有母亲和弟弟相随。史书上说，杨羲肤色洁白，仪态美好，性情温厚，善于言笑，而且还工于书画，可谓风度翩翩、仪表堂堂。他从小好学，读书遍涉经史，而且天资聪颖，幼能通灵，自称早已作古的南岳魏夫人是他的业师。

魏夫人，名华存，字贤安，生于魏齐王嘉平三年（251），任城（今山东济宁市）人，东晋司徒剧阳文康公魏舒的女儿。魏家家境显赫，家道殷实。然而魏华存却从小好道，心仪方外之业，常静居默读，《老》《庄》之书、三传五经等，莫不通晓；志慕神仙，常服胡麻散、茯苓丸，吐纳气液，摄生修静，亲戚朋友往来之应酬，一概不理，一心只想找一个幽静之处专心修道，并发誓永不嫁人，遭到父母的强烈反对。在魏华存二十四岁那年，父母强迫将她嫁给时任太保掾的刘文（字幼彦，河南南阳人），并生下两个儿子，长子刘璞，次子刘瑕。之后刘文调任修武（今河南省西北部）县令，魏华存也随至任所。此时的魏华存虽然过着世俗的生活，但内心仍然信奉道教。等两个儿子稍稍长大时，她就和丈夫分寝，独自开辟一间静室专门念经修道。据《太平广记·女仙》记载，晋太康九年（288），魏华存三十八岁时，忽然有太极真人安度明、东华大神、方诸青童、扶桑碧阿阳谷神人、景林真人、小有仙女、清虚真人等众位神灵，降临她的修行之地。这些神灵后来在齐梁陶弘景的《真灵位业图》中都列于前位。其中，清虚真人王褒担任魏华存的业师，降授《太上宝文》《八素隐书》《大洞真经》《灵书八道》《紫度炎光》《石精金马》《神虎真文》《高仙羽玄》等经书，总共三十一卷。他对魏华存说："以前我在修道时，遇见南极夫人、西城王君，传授我宝经，诵经习行，才成真人。今日将它们全部传授给你。"并告知存思指归行事口诀。此外，景林真人降授给她《黄庭内景经》。其实所谓降授不过是一种神话或巫术的说法，依托神灵来增加权威性，实际上它不是师父弟子之间的授受便是自己所编著的。魏华存得到这些宝经之后，从此更加潜心修道。不久魏华存的丈夫刘文病故。几乎同时，魏华存得到神灵感应，知晓中原将会天下大乱，于是带着两个儿子渡江南下。从洛阳到江南，一路上，盗寇猖獗，险象环生，但他们总能得到神明庇佑，化险为夷。在江南安定后，两个儿子在事业上已有所成就，至此，魏华存终于完全了却挂碍、一心向道了。她带着侍女麻姑来到南岳衡山斋戒隐居，修炼道教大法。衡山至今还留存她当年修炼时的黄庭观，观外一座临崖石壁上还有"飞仙石"三字依稀可见，据说当年魏华存曾在石壁上面采服日月之精华。魏华存在衡山修行十六年后，托剑仙举（传说为她下葬时其棺内不见尸体，却有一口宝剑，相传是羽化升仙，故有托剑仙举之说）而去，住世八十三岁，被举为南岳夫人，并被奉为道教上清第一代太师，称"上清道主"。而自称其弟子的杨羲则被举为嗣上清第二代玄师。

杨羲除了敬奉魏华存为师，还和当时句容县的土著士族许迈、许谧兄弟交往甚密，他们之间虽然年龄相差比较悬殊，但却早结神明之交。许迈，字叔玄，小名映，清虚怀道，退栖世外，故自改名为远游；许谧，字思玄，又名穆，许迈第五弟，少有知名，儒雅清素，博学多才，曾任余姚令尚书郎、护军长史、散骑常侍等官职，故时人又称他为许长史。许谧虽然官务缠身，却内修道学，一心奉道，后来归隐茅山，和时贤多有交往，杨羲便是其中一位。许谧有一个小儿子，名翙（huì），字道翔，小名玉斧，正月出生。从小聪明灵异，清秀莹洁，深受其父器重。许翙曾被郡举上计掾主簿，但他拒绝赴任，只想脱离尘务，潜心修道。甚至还想早日离开世俗人间，遨游神仙之境，大概在三十来岁时就辞世了。

晋穆帝永和五年（349），杨羲受授经书《中黄制虎豹符》，当时年仅二十岁。次年，从魏华存长子刘璞处受得《灵宝五符经》；晋哀帝兴宁二年（364），魏华存神灵下降于茅山，亲授予他经诰，令其以隶字写出，并将写出的真经传给许谧及其小儿子许翙。次年，杨羲更是托言魏华存、上相青童君、太虚真人赤君等四十七位神灵降临，以扶乩（jī）的方式制作了大量的道教经书，其中最著名的便是上清派的主要经典《上清大洞真经》。所谓扶乩，是古代一种占卜方法，将乩笔插在筲箕上，由二人共同把扶筲箕，故又名扶箕。其中一人拿着乩笔在沙盘上不停地写字，口中念念有词，说是某某神灵正附降于身，传授指令。在沙盘上所写的文字，由另一人记录下来。据说这就是神灵的指示，可以占卜吉凶，或与人唱和，整理成文字后，就成了有灵验的经文。因传说神灵下降而来时都是驾风乘鸾的，因而又称为扶鸾。

遵照神灵指示，杨羲把《上清经》及大批所谓的真人口授之经诰传授给许谧及许翙，二许另行抄写，后来都修行得道。上清真经便有了杨羲、许谧及许翙的三君手书本。之后，杨羲传许谧为第三代真师，许谧则传小儿子许翙为第四代宗师。东晋末年，三君相继去世，上清真本传于许翙之子许黄民，但传本内容多有泄露，一时之间，三君手书的部分内容在句容、剡

（shàn）县等江南各地盛传。

元兴三年（404），东晋大臣桓玄掌控国政，篡位称帝，建国号楚，改元永始，当时的北府旧将刘裕声讨桓玄，出兵攻打建康（今江苏南京），建康一带由此世道大乱，许黄民一家带着上清真本来到剡县（今浙江嵊州）避难。许黄民之所以选择剡县为避难之所，是因为他的祖父许谧曾经担任过当地县令，颇有德惠。许谧哥哥许迈也曾在此居住过，留有美名。而且许黄民之前也听闻过剡县乃"两火一刀可以逃"的消灾避难之地的说法。许黄民一到剡县，就受到剡县东关镇的马朗、马罕兄弟俩的慷慨资助。马家家资丰厚，在当地很有名气，早就听闻许家真传，因此将许黄民一家接至自己家中，礼敬奉养。许黄民在马家安居之后，很多人慕名前来，纷纷求看经书。其中有一位名叫孔默的山东人，曾经担任过晋安太守，后来被免除职务，来到杭州一带逍遥，听说许家受经得道，也来拜访。起初许黄民不愿与他相见，他就叩头跪行，时间长达一个多月，并且敬奉殷勤，极为诚恳。许黄民倍受感动，便将真经传授给他。孔默叫一个善于书画的名叫王兴的小吏抄写经书，这样，孔默就有了上清经的传本，但孔默并不是虔诚学道之人，他的受经仅限于实录。虽然得到了传本，但他并没有对经书进行存思修炼。孔默死后，他的两个儿子才学敏赡，曾经窃取经书偷看，看到《大洞真经》上说："诵之万遍，则能得仙"，很不以为然，认为神仙之道的关键在于丹药炼形，哪有空诵经诀就能飞仙得道之理？于是对这些经书大加讥诮，加之当时许多道士出于妒忌心理在旁怂恿毁经，这两个儿子便一时冲动，将这些经书全部付之火炬。而当初为孔默抄写经书的王兴存有私心，为自己私抄了一份。后来他想带着经书东还修行，但在渡船经过浙江时，遭遇大风，将他所带的经书几乎全部卷走，只剩下一篇《黄庭经》。王兴倍加自责，便决定来到剡县西北的剡山上筑屋修行。当他准备吟诵经书时，房子突然起火，毁于一旦。他去露坛研咏，滂沱大雨突然倾盆而下，纸墨一片狼藉。王兴深知自己妄窃写用，罪孽深重，才导致如此下场。从此杜绝人寰，在山中闭门隐居。他的儿子王道秦当时担任晋安的船官督，资产丰厚，有好几次到剡山王兴这里礼拜，还向他赠送二名侍从，都被王兴拒绝。最后王兴终死在剡山。上清经曾经出现过的孔默、王兴的传写本，也都遭到毁灭，没能留存于世。

在向许黄民求看经书的人当中，有一位名叫王灵期的道士，比较突出。王灵期富有才气，善于藻绘，他看到葛巢甫造构的灵宝经异常盛行，内心颇为嫉恨，于是也来求见许黄民。史书上说王灵期看到许氏不愿相见，他就站在"冻露霜雪"的门外，差点为此赔上性命。门内的许黄民终于看到了王灵期的真心，于是也将上清经传授给他。王灵期得到经书后欣喜若狂，闭门研究。他意识到真正的大法不会显要宣传，切要精妙的大理也难以全部显示，发觉这些经书说得都不是很详细，不便于广泛推行，便私自增删，为它们铺上华丽的辞藻，尽显文采。又根据王褒、魏夫人等神灵所流传而没有具体内容的题目，张开造制，大加增广，将这些内容都充实到他的上清经传本里，经过王灵期造作过的上清经最后增至五十多篇。创制好这些经书后，王灵期开始定出高额礼信，广泛传授，一时之间，京师及江东数郡几乎无人不有、无人不传，在社会上渐至形成一个传授、修习上清经法的组织松散的上清派。流散世间的上清经中，后来有不少都被陆修静收得。为了使自己增写的上清经更具权威，王灵期又假托它们都是出自真灵传授，于是更加盛行，以至于许黄民还转而向他求见经书，以致许、王二人所持的经书真伪混杂、莫测难辨。后来又有一位名叫菜买的人，从许黄民那里受授十几卷经书，里面兼有一些杨羲、许谧父子所写的真本，由于菜买善于在下层道民中传教，致使一些真本也流散世间，于是，上清派的传授就更加广泛了。而这些流散世间的上清真本、传本，后来有不少都被苦心寻觅的陆修静收得。

当时礼奉许黄民的马家人马朗看到许氏传给王灵期的经书卷目增多，而且恢宏壮丽，便也想求得传授，以便早日修道。不料晚上却做了个梦，梦到有一只白玉大碗从天而降，坠地破碎。梦醒了，马朗不禁产生疑问，自言："这些真经应当是在天为定，下地却是不能再用的。难道这是天上神灵冥冥之中告诉我的？"就打消了求见经书的念头。元嘉六年（429），许黄民一家因钱塘（今浙江杭州）杜道鞠的殷勤相邀，要移居杭州。临行前，许黄民将先祖传承的上清真经用一个橱柜密封起来，郑重交付马朗存入他的静室里，再三交代说："这些经书是先灵留下来的，异常宝贵。因此，只有我亲自来才能取。其他的人即使持有书信，也要小心，千万不要给他，切记。"然后，随身带走了经传及杂书十几卷，转相投靠杜道鞠家。

许黄民带着家人在杜家居住几个月之后，忽然身患重病，一病不起，只好派人去剡县马家取经，但此时的马朗因为之前已有先灵梦传的旨意，自己又爱惜经书，加之近来亲自接受教化警戒，哪里愿意轻易交付？便以许黄民之前所说的须由他亲自索取的话应对推辞，拒绝交还经书。很快，许黄民病故，他原来所带的那十几卷经书便留在了杜家。

　　后来许谧长子许荣弟迎丧还乡。服丧期满后，许荣弟来到剡县马家索要经书。但马朗极其善于应对，他认为既然当初许黄民亲自说过只有他本人才能取还真经，现在他本人没来，自然是可以不给经书的，况且许家人当初终究受了马家多少恩惠呢？许荣弟听完既惭愧又无可奈何，只得隐忍，不再苦苦追逼。他在剡县留了下来，希望通过长时间的周旋沟通，可以慢慢追回杨、许真经。在逗留剡县期间，许荣弟将王灵期增写的经传向道民教授吟诵，还尝试写出真本，在最后都加注说：神灵于某月某日传授许远游。人们都信以为实。

　　也许马朗兄弟是在极其虔诚地禀奉先灵梦传的旨意，也许是将真经看得太重，总之，在许荣弟留在剡县和马家交涉的几年当中，他从马家仅仅得到两三卷真经而已。不过许荣弟可不像马朗兄弟那样珍视真经，即便只得到两三卷经书，他也到处宣扬，致使王、许真经又有一些内容散落世间。元嘉十二年，许荣弟在剡县亡故，葬于剡县境内的白山。从此，马朗兄弟可以安心拥有真经，他们对真经就更加礼敬了。他们把真经置于静室内最为神圣的地方，派两位侍从侍奉香火，洒扫拂拭，一尘不染。静室内也常有神光灵照，闪亮异常。据说马朗的妻子能够通达神灵、晓彻神理、通览神光，她说在静室内常看到几名青衣玉女在空中飞来飞去。这些通灵神说也给马家带来了无尚好运，马家由此更加兴旺发达，资产甚至超过巨万。由于护经有功，马朗遂成为上清派第五代宗师，马罕则是上清派第六代宗师。他们后来也都年老命终、寿终正寝。他们死后，真经便由马朗的两个儿子马洪、马真和马罕的儿子马智等保管。这些后辈们开始还算谨遵神道，但后来因为转相敬佛，对上清真经的态度就越来越怠慢了。

当初有个名叫何道敬的山阴（今浙江绍兴）道士，善于书画。游历剡山时，也为马家供养，马家人便把经书法事委托他办理。何道敬看见马家珍藏的上清真经鲜明华丽、文采焕然，绝不同于世上一般的道书，便起了私心，从元嘉十一年开始暗中摹写。后来马朗弟弟马罕移居别宅，令何道敬抄写上清真经，何道敬就偷偷地以假乱真，用自己私下摹写的伪经换取了几部上清真本。之后回到剡县东墅青坛山居住，默记当初所看到过的上清真经文字，但由于他生性愚鄙呆滞，未能一一记起，总共只写了两三张纸，还到处宣扬，其他的则多随着记忆的消退而散失了。马家人看到何道敬将经分去，而且还到处泄说其意，气愤不已。马朗便将上清真本封存在一个柜子里，用洋铜把柜子锁钥浇灌起来，约定永远不再打开。大明七年（463），三吴地区（三吴说法历来没有统一，据《晋书》载，大概指吴郡、吴兴和吴会）发生特大灾害，粮食颗粒无收，人民饥饿难当，唯有剡县粮食得以成熟，于是很多人都纷涌剡县避度饥荒。其中有个叫楼惠明的居士，也带着家人及自己的女道师钟义山（盐官人，即今浙江海宁盐官镇）等数人前来食住避荒。楼惠明，字智远，东阳（今浙江金华市）人。他潜心修炼，颇有道术，善画章符，曾幽居金华山，据说山上原本有很多的禽兽毒虫，自楼惠明住进以来，居然都纷纷避开不再作乱。此前楼惠明就看过何道敬所记的上清真经，很想亲眼一睹真容。现在来到了剡县，可谓近水楼台，但苦于锁钥已被浇灌，格外牢固，根本无从取出观看。465 年，楼惠明令一个名叫戎季真的嘉兴道士借皇帝的名义去马家启封橱柜，时值马家后人对上清真经亦不大看重，戎季真得以顺利取出。当时宋废帝刘子业荒淫无道、残酷暴虐，楼惠明认为这样的世道是不适宜上清真经出世的，并将上清真经真传和十余篇杂篇留放钟义山处；其余二十来篇，以及何道敬摹写的抄本等都被戎季真送到京城建康。戎季真在华林园打开呈给宋废帝看过之后，仍然封存起来交付给华林后堂道士保管。宋明帝时，陆修静南下诏立崇虚馆，其滔滔雄辩感振宋明帝。泰始七年（471），宋明帝敕令戎季真将上清真经全部交给陆修静，置存于崇虚馆内，陆修静被上清派敬奉为第七代宗师。

二、编撰《三洞经书目录》

首部道教目录专书的诞生

泰始七年，陆修静入住崇虚馆的第五年，在宋明帝赐经的直接支持下，六十六岁的他将自己耗费毕生心血收集到的一千二百二十八卷道书全部编成目录，这就是有名的《三洞经书目录》。不过，《三洞经书目录》应当是后来的说法，北周时期甄鸾的《笑道论》仅称之为《陆修静目》，这表明当时的陆修静还没有为这批道经题一个总名。

陆修静的《三洞经书目录》是中国道教史上第一部目录专书，虽然早在公元前1世纪刘向、刘歆父子编制《七略》，就已为我国目录学的发展奠定了基础，但目录学在陆修静之前的道教史上尚属空白。汉魏时期，道经数量不多，为道经作目录分类根本无从提起。两晋时期，道经蜂出，数目急剧增加，但各派道家之间处于相互排斥的状态。葛洪《抱朴子·释滞》中指出："道书之出于黄老者，盖少许耳，率多后世之好事者，各以所知见而滋长，遂令篇卷至于山积……虽欲博涉，然宜详择其善者，而后留意，至于不要之道书，不足寻绎也。"他告诫学道者，出于黄老的真经只是少数，不要被好事之徒所写的无益道书迷惑，应当仔细选择其中好的道书也就是所谓的真经、真本。然而各家又纷纷标榜自己的是真经、真本，指责他派的是伪经、伪书，令人无从取舍。在这种相互排斥的状态下，对道书的目录分类就只能局限在某一派道经中进行，而且分类的方法极其粗疏简略，主要只分为经和符两大类，如葛洪《抱朴子·遐览》就是如此。到了六朝，道教各派的排斥现象得到了扭转，其认同意识开始建立，并很快得到加强。道教诸派认识到它们的产生时间虽有先后，但都是在共同的文化背景中产生的，教理教义的出发点当是相同的，发展方向也应是一致的。诸派教义皆以神仙信仰、道家哲学和古代巫术为核心，这就奠定了各道派统一联合的基础。正是在这样一种寻求统一趋势走向的情况下，第一部成熟的道教目录学专书——陆修静的《三洞经书目录》应运而生。

三洞思想的内涵

《三洞经书目录》旨在以三洞分类法对道教的经籍书目进行统筹安排。所谓三洞是指洞真、洞玄和洞神，它们对应的道书经典分别是上清经、灵宝经和三皇经。"洞"为通达之意，意思是通过这三种道经即可达至真正、玄妙、神灵之最高境界。陆修静将他收集到的所有道书按三洞进行著录划分，从而确立了上清、灵宝和三皇这三类经书在道经中的正统核心地位，也使这三派经典合为一体。之后陆修静又为这三派经典排列了高下顺序：上清经派地位最高，灵宝经派居中，而三皇经派地位最低。

陆修静的三洞分类法自然是在通盘考虑、左右权衡之下作出的。陆修静一开始致力于天师道的宣传和研究，他的《陆先生道门科略》便是这一时期的努力成果。天师道尽管在东晋末年由于孙恩起义遭受重创，但他还是一心想通过改革、整顿来重振天师道。不过，天师道自汉末以来就体现出浓厚的鬼神、巫术气息，因而它比较适合下层民众的心理，却容易引起上流人士的反感甚至蔑视。虽然在魏晋时，天师道为迎合士人的需求，其内部已不断加重仙道因素，但并未能彻底扭转它的低规格性质。陆修静作为名门望族之后，有着深厚、良好的儒学修养，自然不会满足于低层次的传道，而是希望能在士人阶层甚至是皇室内部宣传他的道教思想，使得道教士人化、官方化，从而提升道教，确立道教在当时意识形态中的重要地位。这种思想其实也是当时道教发展的一种趋势和潮流。据《隋书·地理志》载，汉之末世，受道者（指天师道）大多为民众百姓，晋代时则扩展到士大夫阶层，至陆修静的刘宋时期，这种道徒士大夫化的现象就更加普遍了，而天师道的低规格特点是无法满足士大夫的心理需求的，况且对天师道徒孙恩、卢循暴动的恐惧和愤怒仍潜藏在各帝王的内心里，因此当时势必需要一些既比天师道规格高又包含出世倾向从而不致对统治政权构成威胁的其他的道教信仰的推动。这样，兴起的这三派经典很快得到了广泛推行。陆修静应时而动，将他收集到的一千二百二十八卷道书全部置于这三派经典所建构的框架内，由此也形成了以上清、灵宝和三皇为核心的统一新道教系统。此外，由于三皇派仍未脱鬼道习气，其大小有《三皇文》都是一种劾召鬼神的符书，故处于最下；上清派最注重个人的仙道因系，讲究存思、守神，因而被陆修静看得最重，置于最上，从而最终确立了上清派、灵宝派和三皇派的高下次序。

按理，陆修静应对位于最上的上清派着力最多，但一方面由于上清派过于倾向独善、脱离群众，很难扩大社会影响，另一方面也是因为陆修静完全搜集到上清派的道经时，已是晚年了，如前所提的殳季真奉命将上清真本交付陆修静时就是他一生当中的最后几年时光了，这些都从客观上限制了他对上清派的研究。

在陆修静一生当中，他耗费巨大时间和精力倾心研究的是灵宝经，这首先自然要得益于他很早就收集到了灵宝道经，从而有充足时间来整理研究；其次，更重要的还出于灵宝经以无量度人为宗旨、以方便易行为准则的宗教教义。灵宝经传播的主要经典是《灵宝五符经》《灵宝度人经》，其基本信仰是长生成仙。因受晋宋之际大乘经义戒律的影响，南朝时期所出的灵宝经（包括葛巢甫造作的灵宝经）大量汲取佛教教义，取因果报应、三世轮回、涅槃灭度等观点，因而其主要内容是阐扬"仙道贵生，无量度人"的思想，尊崇元始天尊为最高之神，又敷衍十方有度人不死之神，还有三界、五帝、三十二天帝、地府酆都等鬼神信仰，这些神仙时刻监察人间善恶，观察人的行为。人行善，会得到福报；人行恶，将受到惩罚；人若学道修真齐心修斋，诵经礼忏，六时行香，修持不断，则可登仙界。灵宝派这种思想简便易行，在当时很受人民欢迎，但灵宝道经却淆乱混杂，急需整饬。元嘉十四年（437），陆修静著成《灵宝经目》以及《灵宝经目序》。他在《灵宝经目序》中非常详细说到他对当时杂乱无章的灵宝经目进行甄别、整理的情况，他说，根据以往的目录和具体篇章中的记载来看，当时的《灵宝经》总目共有新旧五十五卷，但这些经书纷杂荒乱，是非混淆；或是品味不纯，杂糅上清等他派经典；或是妄自损益，以充旧典；或是顺序不清，回换篇目，颠倒错乱；或是文字枯燥，生僻晦涩，又不讲究韵律，读来浅鄙烦味，毫无美感。陆修静指出这些杂经、伪经都是由一些质非挺玄、本无寻真之志的猖狂之徒造作的，因而亟须整改。经过了删弃增补、移换改编、纠错补漏和文字润饰等细致工作，据陆修静《太上洞玄灵宝授度仪》说，他将原先淆乱混杂的五十五卷经书整改成三十五卷。

总之，陆修静对三洞的排列次序其实暗含了他对三教教义的理解及评判。虽然由于《三洞经书目录》及其相关资料已经佚散，我们已无从看到陆修静直接阐述其三洞体系的材料，不过从他的《洞玄灵宝五感文》中所列举的"三等十二品"仍然可以看出他的基本思想。他说，第一等为"洞真上清之斋"，共有二法，其一为绝群离偶，无为无业，其二为孤影夷豁。这实际上就是道士个人的静态内修活动，也是上清派所强调的存思、守神等。第二等为"洞玄灵宝之斋"，包括九法，即"金箓斋""黄箓斋""明箓斋""三元斋""八节斋""自然斋""洞神三皇之斋""太一之斋""指教之斋"。这九斋中前六种出于灵宝派，但是第七种"洞神三皇之斋"当属三皇派，而最后两种应为天师道的斋法。陆修静特地在这后三种斋名中的"斋"字前加"之"字，以示区别；第三等为"三元涂炭之斋"，原属天师道，这种斋法与灵宝九斋一样带有很强的仪式性和祭祀性，都是属于外斋，即道士为他人举行的斋仪，用于"济度"，多为集体活动。不同的是，三元斋又带有很浓厚的苦行色彩，"以苦节为功"。这种将上清派视为最高，灵宝派次之，三皇派置于最末的分法与他的三洞分类法大体上是一致的。

陆修静的三洞说又可细分为十二类，合起来为三十六部经。据任继愈主编《中国道教史》载，这十二类是：第一本文，指灵宝天书真文。这是经书之本源。据说修行其法可以检校神仙图箓，求仙致真，校正星宿运插分度，摄制魔鬼，敕命水帝蛟龙。第二神符，据称为神真符信，能召令群神，制勒百方。第三玉诀，为解释本文之书。第四灵图，为"玄圣所述神化灵变之象"。第五谱录，"玄圣所述圣真名讳，神宫位第"。第六戒律，为讲述因果报应及戒律之书。第七威仪，为六种灵宝斋醮仪式。第八方法，为"玄圣所述神药灵芝，茅金水玉之法"。第九众术，为"玄圣所述思神存真，心斋坐忘，步虚飞空，餐吸五方之气，导引三光之法"。第十记传，"玄圣所述学业得道成真之法"。第十一玄章，为赞颂众圣之辞。第十二表奏，为"传授经文，登坛告盟之仪"。

此外，唐代孟法师《玉纬七部经书目》还指出陆修静创立了道书的四辅分类法。辅的意思是扶赞，四辅包括《太玄》《太平》《太清》和《正一》，其中，《太玄》辅《洞真》，《太平》辅《洞玄》，《太清》辅《洞神》，《正一》通贯总成。从内容上看，《太玄》部收录的是老子《五千文》以下诸经，《太平》部收录的是《太平经》，《太清》部有金丹诸经，《正一》部则是《正一经》。四辅不再细分小类。但四辅分类法在残存的陆修静的经书甚至是唐代之前的经书中都未见提起，它很可能是在唐代才有，故而应当是后来道士在陆修静三洞分类法的基础上增改而成，而不是陆修静所创立的。

三洞思想的渊源

陆修静的《三洞经书目录》出来之后，在当时以及后来的道教史上都产生了非常深远的影响。隋唐以后历代整理道书、编修《道藏》等均沿用他的三洞分类法。后人也自然将三洞的首创者归于陆修静，但实际上三洞之名，未必为陆修静所立。

从对三洞思想的渊源考察中可以看出这一点。

"三"是古代中国人常用的神秘数字，有着深厚的哲学思想根源。《老子》第四十章曰："道生一，一生二，二生三，三生万物。"其第十四章亦曰："视之不见，名曰夷；听之不闻，名曰希；抟（tuán）之不得，名曰微。此三者，不可致诘，故复混而为一。"老子认为三来自于道，又能直接化生万物，因此，"三"既是道之根本，是"一"，又代表了"多"，是天下万物的象征。老子这种用三一理论来说明"道"之本性的看法对早期道教产生了深刻影响。如东汉的《太平经》提出修身以精、气、神三者浑一，治国以天、地、人三者合一，故曰："以三一为宗。"《太平经钞》乙部《和三气兴帝王法》曰："元气有三名，太阳、太阴、中和；形体有三名，天、地、人；天有三名，日、月、星，北极为中也；……治有三名，君、臣、民。"认为天下万物皆可一分为三，这是用"三一"思想来阐述宇宙系统模式。晋代葛洪《抱朴子·地真》亦云："道起于一，其贵无偶，各居一处，以象天、地、人，故曰三一也。"同样也尊崇三一理论。

"三洞"之"洞"的基本意为"通"，《太平经》卷六十八曰："夫道乃洞，无上无下，无表无里，守其和气，名为神。"可知"洞"即为通，它四通八达，能准确而流畅地表达玄理奥义，是通达神仙的根本道路。北宋张君房《云笈七签》卷六引《道门大略》亦云："三洞者，洞言通也。通玄达妙。"可见，"洞"作"通"解当为道教典籍共识。

"三洞"一词的完整出现最早是在《三皇经》中。北周道书《无上秘要》卷六《帝王品》引《三皇经》曰：

> 黄帝曰：三皇者则三洞之尊神，大有之祖气也。天宝君者，是大洞太元玉玄之首元；灵宝君者，是洞玄太素混成之始元；神宝君者，是洞神皓灵太虚之妙气。故三元凝变，号曰三洞。气洞高虚，在于大罗之分，故大洞处于玉清之上，洞玄则在于上清之域，洞神总号则在于太极。大洞之气，则天皇是矣。洞玄之气，则地皇是矣。洞神之气，则人皇是矣。天皇主气，地皇主神，人皇主生。三合成德，万物化焉。

此段《三皇经》引文的出现一般被学术界认定是在东晋后期。由"三合成德，万物化焉"句可知，《三皇经》糅合了老子的三一理论，将化生万物之三具体化为三皇（天皇、地皇、人皇），从而引出三洞尊神（天宝君、灵宝君、神宝君），又"三皇者则三洞之尊神，大有之祖气也"，可知，三洞尊神本质上仍是气，天宝君即是大洞之气，灵宝君是洞玄之气，神宝君是洞神之气，其治理的域界则分别是玉清、上清和太极（太清），这就是道教有名的"一气化三清"说。

由此可以看出，这段《三皇经》引文的思想已经很接近后来陆修静的三洞之意，但是它未将三洞和经书联系在一起。而这一方面的内容在同样于东晋末年产生的灵宝道经中则有出现。《道藏》现存《洞玄灵宝自然九天生神章》中的《三宝大有全书》中说道："天宝君者，则大洞之尊神。……至龙汉元年，化生天宝君，出书，时号高上大有玉清宫。灵宝君者，则洞玄之尊神。……经一劫，至赤明元年，出书度人。时号上清玄都玉京七宝紫微宫。神宝君者，则洞神之尊神。……经二劫，至上皇元年，出书，时号三皇洞神太清太极宫。"明确地将三洞和道书联系起来。这种思想同陆修静后来的三洞分类法几乎一样了。只是当时这种用三洞分类道书的思想并不稳定、成熟，在这一时期灵宝派关于道经的分类还存在另外一些说法，如《太上洞玄灵宝本行宿缘经》中说："道德上下经及洞真、洞玄经、三皇天文、上清众篇咏等，皆是太上虚皇众真十方自然真仙及帝君之隐位。"则将道书分成了五类，而且洞真和上清原本合而为一的，这里却一分为二了。而且当时他们所看到的道书也不像陆修静那样全面，因而用三洞分类道书的思想也是不成系统的。

总的来看，陆修静的三洞思想虽然并非自己首创，它具体来自于东晋末年出现的三皇经的三洞尊神概念和灵宝经中的三洞宝书思想，而从思想渊源上，则可上溯到老子的"三一"理论，但陆修静从道派统一的整体高度自觉对当时比较全面的道经进行分类，著成《三洞经书目录》，使得其三洞思想自成体系，并且稳固下来，对后世《道藏》的编纂，起着深远的影响，确实是功不可没，正是在这个意义上，才把在三洞分类法的创建者归于陆修静，也因此有人直称他为三洞道士。

三、整顿道教组织

天师道组织的溃乱

早期天师道奉行的是道师领导道民的政教合一的教团组织

形式，并相应地制定了诸如三会制、宅录制等一整套科制。在宗教权力和行政权力的双重干预下，道民一般都能够自觉地履行这些制度。东汉建安二十年（215），张道陵之孙张鲁投降曹操，曹操将政权收归己有，并把天师道民大规模地迁往北方中心地区，张鲁自己也在第二年的北迁途中去世。随着张鲁政权的瓦解，这些制度便失去了行政权力的保障，遭到了不同程度的破坏，最终导致道教组织走向散乱无章的局面。东晋末年，孙恩、卢循率领道民发动大暴动，试图推翻政府统治，建立一个政教结合的宗教独立王国，但遭惨败，他们自己也丧身苦海。孙、卢暴动的失败充分说明政教合一的教团组织形式已经不符合历史的发展潮流。

鉴于此，陆修静顺应历史发展潮流，主张政教分离的组织形式，如对户籍的管理上陆修静就坚持政教分离，实行纯宗教的管理模式。户籍是对自然人按户进行登记并予以出证的公共证明簿，记载的事项有自然人的姓名、出生日期、亲属、婚姻状况、收养、死亡等。它是确定自然人作为民事主体法律地位的基本文件。政府通过户籍可以有效地掌握人口数量。道教中的户籍，亦称命籍，也称为"宅录"，是指上天记载人的富贵贫贱、生死寿夭的簿籍。天师道认为，人只有入了命籍，才能被天曹载籍，也只有这样，才能成为道教中人，得到神灵护佑，禳灾却祸，否则就会被鬼贼伤害，招致丧疾夭横。因此，命籍于道民而言，是安身立命之本，极其重要。道民必须严格遵照规定登记好自己的命籍。由于命籍是以一家一户为单位来记载的，故称之为编户入籍。早期天师道规定，道师对入了命籍的道民，不仅具有宗教权力，同时也有行政权力。但陆修静在《陆先生道门科略》中却明确指出道教命籍只是道民的副籍，是附属于统治者为道民编户的正籍的，因此，道师对道民的命籍只有宗教管理权，而没有行政干预的权力。陆修静的这种主张意味着他承认道民是在封建地主阶级的统治之下的，同时这种说法无疑积极配合了当时南朝政府所推行的整理户籍及调整地方行政区划的土断政策。

针对性的整顿、改革

针对道教组织的散乱情况，陆修静提出一些具体有效的策略来对道教的组织进行整顿、改革。

首先，健全三会制，正定命籍。

三会制又称三会日制度。三会日是指正月初七的天曹举迁赏会，七月初七的地府庆生会，十月初五的水府建生大会。这是道教吸收民间宗教中天、地、水三官崇拜的产物。天师道创建之初就规定，在这三会日道民必须亲自到治所（天师道祭祀的场所）参加群体性的宗教活动，主要有付天仓（交纳租米等敬神信物）、听讲道法、登记人口等，这就是三会制。三会制有利于道教内部组织的管理以及科律制度的推广和贯彻实施，但后来由于天师道组织涣散使得三会制几近崩溃，陆修静的《陆先生道门科略》对此作过详细描述，他说：有的道民干脆不去参加，有的借口路途遥远，有的跑到不是所属的其他治区，有的则即使去了也只是溺于酒食、拒听道法，于是"明科正寝，废不复宣"，长此以往，天师道必将走上邪道而消亡在无序和愚昧中。为此陆修静特别规定，一年三会，道民必须亲自赴会，投集本治，不得乱赴其他治区，杜绝以前的随意、散漫现象。道民入会时，还须向师治所登记检查"宅录命籍"，报告家中人口增减情况，由道师进行检阅登记，落死上生，这就保证了道民命籍更改的及时，从而有效地掌握、控制道民人口的数量。陆修静说，以前的命籍管理随意、疏漏、不严密，致使出现百岁童男、期颐（指百岁以上的老人）处女的笑话。他指出道民家中人口的增减，都应通过命籍的更改体现出来。若有增口，如或娶亲或生儿添女，却没有相应地补注命籍，那么天曹就无法记载其名，也就无法传达给神灵知道，他自然就得不到神灵的护佑；若人口减少，如或嫁妇或是家中有人死亡，却没有在命籍里及时除去他的名字，那么就是名实不符，欺骗神灵，最终也得不到神灵的庇佑。除了报告命籍人口的情况，道民还要听道师宣讲科禁。听会时，道民必须清静肃然，不得饮酒食肉，不得喧哗谈笑。集会结束之后，道民各自回家。回到家里，道民要将自己在会上所听到的各种科禁威仪一一告诉家里人，务必共同奉行，保证道化宣流，家国太平。陆修静的这些规定有效束缚了道民的散漫行为，保证了天师道活动的正常进行。

其次，依功授箓，规范道教的署职制度。

箓就是法箓，是指一种由多件文书、符图等组合在一起的文件。文书即是文字图籍、文章等，符图中的图是凭证、征兆，有印证符合之意，它原是古人用兵之际专作调兵遣将的信物。道教借用这一形式赋予秘文，用来驱役鬼神或祈求人神合一，这是道教人与神沟通的印鉴凭据和秘密。符由图或文或图文构成，故又称符图。在这些文书和符图组成的法箓当中，有的记载了天官功曹、十方神仙的名位，有的则是召役神吏、施行法术的要义。一般认为，授箓仪范在祖天师张道陵的时代就已经打下了基础。史书记载他在鹤鸣山修道时，就曾造作符书。太上老君还授他正一盟威之经九百三十卷、符图七十卷。张道陵以此创正一盟威经箓二十四品，分属二十四治气，督察二十四治区内的鬼神功吏。此后，信徒入教，均须举行授箓仪式，即将箓授予入道者，随身佩戴，并根据他入道的年限和道行的深浅更换不同的等级。箓级的高低标志着道士权力的大小，因此，法箓实际上成了职位和权力的象征。张鲁政权瓦解之后，祭酒道师们不再严格遵守箓级的授职制度，他们自治署职，自行授箓，致使天师道的组织管理日益溃乱，走向消亡。

与早期天师道不同，陆修静将箓级和功德联系起来，建立起按功德授箓署职的制度。他规定：普通民众必须有功德，显出和凡人的不同，才能授箓为道民；道民授箓之后，有功者才能升迁，从授十将军箓逐级升至授百五十将军箓；箓吏中如有忠良质朴且行事小心谨慎并建有功德者方可晋升为散气道士，然后再凭借功德依次晋升别治道官、游治道官、下治道官、配治道官，以及下、中、上八治道官。最后，只有能够明炼道气、救济天下一切、消灭鬼神故气，使得万姓归服的道官，才能拜署上八治中的阳平、鹿堂、鹤鸣三治道职。而在这三治道职中，阳平治是中央教区，里面设有张天师向各地方教区发号施令的中央机关。陆修静提出的这种依照功德授予符箓的做法既规范了道教的署职制度，又对道民的修建功德存在积极的鼓励作用。

再次，兴建道馆，实施纯宗教的管理模式。

道馆就是道教徒举行宗教活动的场所。其功能与天师道的道治或静室相同，但其性质则不一样。天师道的道治设于师宅，静室设于民家，是在家的道教徒从事宗教活动的地方，而且道师与道民之间是半官半民的关系，掌管治所的祭酒既是宗教骨干，又是行政官吏；而道馆则是出家道士集体进行宗教活动的场所，又是他们集体生活的地方。其内部的出家道士虽也有等级区分，但道师与弟子之间已是纯宗教的师徒关系了。道馆的经济来源已不再像原来天师道那样依靠向道民征收五斗米，而是除了道师传授经典、替人作斋祈福治病所得到的施财之外，主要靠帝王、官府和贵族富豪之家的赏赐和施舍供养。

陆修静在庐山兴建的盛大规模的简寂观便是当时道馆的典型。如此超大规模，光靠道士个人作斋祈福所得的施财是远远不够的，它肯定得到了帝王官府以及那些奉道的士大夫的大量赏赐和供养。至于后来的崇虚馆更是如此。当然，这也是道教走向上层化、士大夫化的必然趋势。而不管是坐镇简寂观还是崇虚馆，陆修静都坚持政教分离，自觉施行纯宗教性的自治管理模式，保证道教的纯宗教性，在最大程度上免除政治的干扰。

最后，排斥民间巫觋，确立自身的正道地位。

原始道教和民间的鬼神祭祀有着深厚的渊源，但民间巫觋（xí）往往迷信、淫乱、低俗，且耗财耗力，道教走向上层化之后，越来越需要同民间巫觋摆脱关系，以此确立道教自身的正道地位。早在东晋时期，葛洪就非常强烈地反对民间的巫祝迷信，认为民间鬼神既不能让人获德享福，也不能去祸除病，甚至主张政府要颁立严格的法令来禁止民间的巫觋现象。

陆修静对民间巫觋也表示明确的反对。其《陆先生道门科略》中指出，民间信仰的神灵多是败军死将，死后阴气不散而成鬼，男的称将军，女的为夫人。这些鬼放荡天地，擅行威福，扰乱民间，还要求民众为其立祠祭祀。而这种祭祀需要宰杀三牲，费用万计，致使民众倾财竭产，不但没能得到庇佑，反而倾家荡产，枉死横夭，不可称数。因此，道教必须以万通诛符，伐庙杀鬼，荡涤宇宙，使天地不复有淫邪之鬼。并规定"唯天子祭天，三公祭五岳，诸侯祭山川，民人五腊吉日祠先人，二月八月祭社灶，自此以外，不得有所祭，若非五腊吉日而祠先人，非春秋社日而祭社灶，皆犯淫祠"，除了国家祭典中的祭天与五岳山川祭祀以及自家的祖先、灶神和社神可以祭祀之外，其余的鬼神祭祀都不得进行，这就杜绝了民间巫觋迷信的泛滥现象，从而也将道教同民间巫觋区分开来，有利于道教确立自身的正道地位。

四、完善斋戒科仪

早期的道教礼仪

中国自古以来素有"文明古国、礼仪之邦"之称，对礼仪极为重视，其丰富的礼仪制度集中体现在《礼记》《周礼》

《仪礼》三部大型著作里。所谓礼仪是指人们在社会交往活动中应当共同遵守的行为规范和准则，它包括礼节和仪式两个部分。道教作为一种宗教，它不仅是一种社会意识形态，更是一种社会实体。要维持这个社会实体的生存和发展，也会形成一定的共同遵守的行为规范和准则，这就是道教礼仪。

早期的道教礼仪十分简单，据陈耀庭《道教礼仪》的研究，早期道教大体可分为三种形式：一、授职类仪式。早期道教的组织内部有"奸令""祭酒""鬼吏"和"鬼卒"的区别。这是根据其入道的资历、修行以及功德等衡量设置的称谓和职守。初入道的人，称为鬼卒。入道后，信仰坚定，并且通晓《老子》五千言的，称为祭酒或奸令，由他们主持教区（治）的会务工作和道经的解释工作。而祭酒和奸令又统称为"鬼吏"，与一般信徒之称为鬼卒的不同。既然鬼吏和鬼卒有区别，那么这种区别可能就有一个定职和授职仪式，它们可能就是后来的天师道传度、授箓类仪式。二、忏悔章奏类仪式。天师道创始人张道陵建立的服罪请祷法中的三官手书，具体做法是，将病人的姓名和忏悔服罪之意，写成文书，一式三份，一份呈给天官，放在山顶；一分呈给地官，埋在地下；一份呈给水官，浸在水中，这就是"三官手书"，宣称这三官能为人赐福、赦罪、解难，也就是说天官能赐予福运、地官能宽恕罪恶、水官能消解灾难。三、符水祈禳类仪式。符水就是画符箓或烧符箓于水中，饮用它可以治疗病灾。祈即祈祷，指祷告神明以求平息灾祸、福庆延长；禳为禳除，指行使法术解除面临的灾难。在太平道和早期天师道的史料中，都有饮用符水治病的记

106

载。如说太平道能够"符水咒说以疗病，病者颇愈，百姓信向之"。《汉天师世家》卷二也称张道陵于汉安二年（143）七月一日登上青城山，据说青城山上有鬼城、鬼市、鬼众，分为八部，各有鬼帅领之，日益为害，张天师以丹笔书空，鬼神纷纷哀号乞命，四处逃窜。用符法镇鬼驱邪、清除瘴疠瘟疫正是后来天师道祈禳类仪式的雏形，但这些仪式都带有较大的随意性和具象性。

东晋时期，道教仪式踵事增华、铺张华丽，引起了有识之士的不满。葛洪《抱朴子·道意》指责当时的道教礼仪"烹宰肥腯，沃酹醪醴，撞金伐革，讴歌踊跃，拜伏稽颡，守请虚坐，求乞福愿，冀其必得"。认为"福非足恭所请也，祸非禋祀所禳也。若命可以重祷延，疾可以丰祀除，则富姓可以必长生，而贵人可以无疾病也"。意思是说，若仅通过这样超大规模、盛广富丽的仪式活动就可以消病求福的话，那么，那些富足的人家都可以长生不死，达官贵人们也可以永无疾病了。究其实，葛洪真正反对的是当时人们在举行道教仪式时的那种过度的物质化倾向。所以，到了南北朝时期，一些有识见的道人就把礼仪的重点从物质性的技术问题转向精神性的信仰与道德问题了。如北朝的寇谦之在改革北天师道时，特别强调"斋"。何谓"斋"？北宋张君房《云笈七签》卷三十七《斋戒序》说："夫斋者齐也。齐整三业，乃为齐矣。"三业是指心、口、身，"斋"就是使身、口、心均清静，即是古人祭祀前调整自身状态的行为，一般是不饮酒、不茹荤、沐浴别居、清心寡欲，以示虔诚，已然上升到精神性层面。当然，这一时期对道教礼仪的发展发挥过重要作用的代表性人物仍属陆修静。

对道教礼仪的完善

陆修静明确反对道教仪式活动中过度的物质耗费现象。如在针对天师道整顿、改革的《陆先生道门科略》中，他毅然提出革除五斗米制度。五斗米制度是天师道规定的信徒入道时须交纳五斗信米的制度，历来为天师道盛行。其作用有：首先是供养本道。天师道规定每年的十月一日所有道徒前往圣地天师府治交纳五斗米，道派领袖再把上交的米集中起来，施在"天仓"（即公家粮仓）和五十里之内的路亭，行人路过，若饥饿难当，便可前去求食，这就保障了道民平常的温饱，同时对东汉末年频频发生的天灾人祸所造成的饥荒也有一定的缓解作用；其次，酬谢神灵。道民用符水、首过或上章等方式治好自己的病后，就通过敬奉信米的方式来表达自己的谢意。规定米的数量为"五"，也有其深层的象征意义，即为天地万物和木、火、土、金、水"五行"以及仁、义、礼、智、信这五种德行的象征。后来由于很多道派领袖不遵照道法认真行事，利用道民交纳的信米为自己聚敛钱财，中饱私囊，存在很严重的腐化堕落现象。对此，陆修静提出"神不饮食""师不受钱"，认为神灵根本不会去食用人间粮食，因而没有必要去进奉，这就从根源上断绝了物质敬奉的根据和理由。而作为道派领袖的祭酒、法师等当然也没有理由接受道徒的钱物了。为了更彻底地杜绝天师道的腐化现象，保证它的纯洁，陆修静又提出以厨会制取代五斗米制。"厨会"又称饭贤，其实就是相当于现在一些信众的"吃斋",是道民请客求愿求福的一种表达方式：或是为病者设厨会求度；或是为犯科的道民设厨会解散；或是为亡人设厨会解罪过。请客的人数不一定，请客的目的就是希望客人也能为主人祈福。张道陵创道之初，就已有厨会。陆修静继续沿袭，而且更加看重，将它作为信徒入籍的一种仪式，道民家中若有人口增减，就要通过设厨会的仪式告知。

陆修静对斋戒仪范的卓越贡献是在他对灵宝经派的深入研究之后，更为系统地提出来的。唐末闾丘方远《太上洞玄灵宝大纲钞》云："简寂陆先生修静更加增修，立成仪轨，于是灵宝之教大行于世。"元代刘大彬《茅山志》卷十指出陆修静"所著斋醮仪范百余卷"。今《正统道藏》存有陆修静关于斋戒仪范的道书《太上洞玄灵宝众简文》《洞玄灵宝五感文》《陆先生道门科略》《太上洞玄灵宝授度仪》以及《洞玄灵宝斋说光烛戒罚灯祝愿仪》各一卷，《灵宝经目序》见于北宋张君房的《云笈七签》卷四，另有《古法宿启建斋仪》《道德经杂说》《三洞经书目录》《陆先生答问道义》《陆先生黄顺之问答》《灵宝道士自修盟真斋立成仪》《三元斋仪》《然灯礼祝威仪》《金箓斋仪》《玉箓斋仪》《九幽斋仪》《解考斋仪》《涂炭斋仪》等均已亡佚，某些内容散见于南宋蒋叔舆《无上黄箓大斋立成仪》中。可以推见陆修静在斋戒科仪的建设方面卓有成就，但由于许多资料皆已散失，无从完整查考其中的具体内容，只能根据现存的部分资料作一个大致的概括。

第一，理论赋予斋戒仪范的重要地位。

要让道徒们自愿、自觉地遵守斋戒仪范，首先要使他们从理论上明白斋戒仪范的重要性。陆修静从两个方面来说明这个问题。

首先，建斋行道是沟通神人关系的桥梁。

神是道徒信仰、崇拜的最终对象。道教认为，只有把自己的意愿传达于神，和神通交，才能真正获得神灵的保佑、赐福。那么，如何才能和神沟通呢？陆修静在《洞玄灵宝斋说光烛戒罚灯祝愿仪》中说："建斋行道，四天帝王皆驾飞云绿骈（指两马并驾的车），八景玉舆，从真人、玉女，手把花幡，前导凤歌，后从天钧，白鹤狮子，啸歌邕邕，烧香散花，浮空而来，瞻履行道，观听法音，天王下降，万灵朝焉。""夫斋法至精，威禁甚严。所以尔者，天真大神，十方众圣及三界群灵，皆亲降斋所，观听行道。魔王又手作礼，所在神祇（qí），皆来侍卫门户。"这就是说，只有在道教仪式的场合，通过建斋行道，神灵才会下降光临，和道徒们相聚沟通，因而建斋行道起着沟通神人关系的桥梁作用。

其次，斋戒仪范的功能无所不包。

陆修静《洞玄灵宝斋说光烛戒罚灯祝愿仪》认为："夫感天地、致群神、通仙道、洞至真、解积世罪、灭凶咎、却冤家、修盛德、治疾病、济一切，莫过乎斋转经者也！夫斋直是求道之本，莫不由斯成矣！"指出求道的根本即是斋戒仪范，假若斋戒仪范修炼得好，则是"功德巍巍，无能比者。上可升仙得道；中可安国宁家，延年益寿，保于福禄，得无为之道；下除宿愆，赦见世过，救厄拔难，消灭灾病，解脱死人忧苦，度一切物，莫有不宜矣！"由此可见，斋戒仪范真的是无所不能。

第二，不断充实斋戒仪范的内容。

从早期道教简单的仪式内容到现今系统、规模的道教礼仪，陆修静在其中发挥了特别重要的作用。

首先，陆修静的三等十二品对三箓七品传统的奠基作用。

如前所言，陆修静在收集和清整道教斋醮仪式的基础上，在《洞玄灵宝五感文》中具体提出了三等十二品的仪式分类法。而三箓七品是现今道教斋醮仪式的传统分类方法。三箓指的是金箓斋、玉箓斋和黄箓斋，七品是指另外七种斋法，即三皇斋、自然斋、上清斋、指教斋、涂炭斋、明真斋和三元斋。通过下图两相对照，我们发现现行三箓七品的传统分类法大致沿袭了陆修静的三等十二品。

表 1. 陆修静的三等十二品

第一等	洞真上清之斋	绝情离偶
		孤影夷豁
第二等	金箓斋	
	黄箓斋	
	明真斋	
	三元斋	
	八节斋	
	自然斋	
	洞神三皇之斋	
	太一之斋	
	指教之斋	
第三等	三元涂炭之斋	

表 2. 三箓七品

三箓	金箓斋
	玉箓斋
	黄箓斋
七品	上清斋
	明真斋
	三元斋
	自然斋
	三皇斋
	指教斋
	涂炭斋

可以看出，后者除了三箓之一的玉箓斋之外，其余的斋名都取自陆修静的三等十二品。而玉箓斋虽不见于陆修静的三等十二品里，但他曾撰写过《玉箓科仪》，从名称上看当是对玉箓斋的专门研究。因此可以说，三箓七品之名基本上取自于陆修静的三等十二品。此外，陆修静还对各种斋法的形式、功能等方面作出了较为详尽的说明，这些都对传统的三箓七品起了重要的奠基作用。以下一一说明。

金箓斋是三箓之一，它是为帝王统治者所做的仪式，只有奉天子下达的圣旨才能举行。"金"代表斋法的尊贵，它的作用是使天地获得清宁、风调雨顺、国泰民安。由于是皇家斋仪，因此规模巨大、耗资甚多。陆修静的《洞玄灵宝五感文》中列举的第二等灵宝斋法有九种，其一即为金箓斋，他对金箓道场作了详细的说明：于露天设玄坛，广三丈。坛有重坛，广二丈，围栏，上下设十门。重坛中央安一长灯，长九尺，上安九灯。围坛四面安色灯，共三十六灯。坛外还可燃千百灯。坛设以五案，放五方金龙五枚。枚重一两，盛五方天文，文用五色，纹缯随方，匹数合三十六之数。斋仪结束时，要焚天文，散龙缯，作为功德。

玉箓斋为三箓之一，是为帝王眷属所行的仪式，其程式大体和金箓斋相同，目的是为帝王眷属祈福赐寿、保国安民和禳灾济度。道教以玉称仙属，玉箓与金箓相配，也表明斋法的尊贵。"玉箓斋"虽不见于陆修静《洞玄灵宝五感文》中提出的三等十二品，但他曾撰写过《玉箓科仪》，当是对玉箓斋的专门研究。只是由于陆修静撰写的《玉箓科仪》已经亡佚，致使无从探究其具体内容。

黄箓斋为三箓之一，是为超度亡魂而作的度亡道场。"黄"是众色之宗的意思，"箓"为万真之符，黄箓斋就是能够主掌天地鬼神之事的意思。陆修静《洞玄灵宝五感文》列举的二等九种灵宝斋法中，其二即为黄箓斋，其斋法、程式也多和金箓斋相同，即露天设坛，广三丈，坛有重坛，广二丈，围栏，上下设十门。但围坛四面安放灯、香火和纹缯之信，庶人、诸侯和天子之数个个不同。安放的镇坛金龙，在斋仪结束时，投于水或埋于山。纹缯则散为功德。与金箓斋的目的不同，黄箓斋的作用是要"拔九祖罪根"，以便亡魂得以超脱解度。

上清斋为七品之一，斋名上清，当与从南朝起流传于江南一带道教的上清派有关。这是一种个人内修的斋法。陆修静《洞玄灵宝五感文》中列举的第一等斋法即是上清斋。它有两种斋法："其一法，绝情离偶，无为无业，寂胃虚申，眼神静气，遗形忘体，无与道合"；"其二法，孤影夷豁"，二法"皆与上同，俱混合形神，讽经有异"，除了念诵的经文不同之外，两种斋法的其余内容基本相同。陆修静还加以自注云："舍朋友之交，无妻奴之累，孤相独宴，泊然穷寂，形影相对"；注"无为无业"云："端推好然，无所一为，胎息后视，心所神机"；注"虚申"曰："清斋以晷为期，至申而食，今既不食，徒有此申，虚过而已"；注"眠神"云："神司外，务躁动。今既无事，怡静内藏，故谓之眠"；注"静气"云："气者，体之化，神之舜，神动则气奔。今神逐内后，则气静、体宁神"；注"遗形忘体"云："形以有待故接物，体之以有累不可忘。

113

今内无饥寒之切，外无缠缠之累，洞遂虐漠，故不知四大之所在也"；注"无与道合"云："道体虚无，我有故隔，今既能忘，所以玄合"。从这些详细的注解当中可以看出，上清斋法就是一种不与物接、不与人交、遗形忘体、静气眠神的内斋，斋法自然也以个人单独进行为主。

明真斋即盟真斋，为七品之一，是超度亡魂的斋法。陆修静《洞玄灵宝五感文》列举的二等九种斋法中，其三就是明真斋。其作用是"学士自拔亿曾万祖九幽亡魂"。陆修静指出明真斋不必建立斋坛，只需在露天地上安一长灯，长灯上燃点九灯。举行仪式的道士，绕着香灯行道，一日一夜，六次行礼十方之仪。礼十方是道教科仪中一项节次，方是指方向，十方就是东、南、西、北、东南、东北、西南、西北，以及上方和下方。礼十方就是礼拜这十个方向的神灵，表示自己的忏谢和悔愆之意。北周武帝宇文邕敕纂《无上秘要》道书中对礼十方有十分详细的说明：向东九拜，脱巾，叩头，搏颊八十一次；向南三拜，脱巾，叩头，搏颊二十七次；向西七拜，叩头，搏颊六十三次；向北五拜，叩头，搏颊四十五次；向东北、东南、西南、西北各一拜，叩头，搏颊各九次；向西北上方二十二拜，叩头，搏颊二百八十八次；向东南下方十二拜，叩头，搏颊一百二十次。在礼方和叩头之间，均要申表自己归命十方天尊，忏谢以自拔赎，以使光明普照长夜之府、九幽地狱，开度幽魂罪根，升迁福堂，去离恶道，与道合真。

三元斋为七品之一，就是在三元之日行仪，奉祀三官大帝。三元之日是指正月十五为上元日、七月十五为中元日和十月十五日为下元日，三官大帝则是指天、地、水三官之神。陆修静《洞玄灵宝五感文》列举的二等九种斋法中，其四即为三元斋，他说："学士一年三过，自谢涉学犯戒之罪。"并注云："法以正月、七月、十月，皆用月半日，一日三时沐浴，三时行道于斋堂中。礼谢二十一方也。"据《无上秘要》称，一日三时是指平旦（黎明之时）、正中（正午时分）、夜半（夜里十二点钟前后）。在三元日的这三个时刻，行仪者要沐浴身形、沉思、叩齿、烧香。然后东向九拜，解巾，叩头，自搏九十次；东南向一拜，叩头，自搏十二次；南向三拜，叩头，自搏三十次；西南向一拜，叩头，自搏十二次；西向七拜，叩头，自搏七十次；西北向二拜，叩头，自搏十二次；北向五拜，叩头，自搏五十次；东北向一拜，叩头，自搏十二次。西北上方向一拜，叩头，自搏三百二十次；东南下方向一拜，叩头，自搏一百二十次；东北日宫向三拜，叩头，自搏三十次；西南月宫向七拜，叩头，自搏七十次；北向星宫九拜，叩头，自搏三百六十五次；五岳五向拜各一次，叩头，自搏各二十次；北向水官十二拜，叩头，自搏二百八十次；北向三宝神经三拜，叩头，自搏三百六十次，共礼谢二十方。这与陆修静所言的礼谢二十一方有一点出入。

三皇斋为七品之一。三皇斋又称洞神三皇之斋、三皇子午斋等。三皇指天皇、地皇和人皇等三皇真君。三皇斋就是为一切存亡人等赦除积罪、解释考讼而设的斋仪。陆修静《洞玄灵宝五感文》列举的第二等九种斋法中，其七即是洞神三皇之斋。他称其法"以精简为上，单己为偶，绝尘期灵，冰浴玄云之水，烧皇上之香，燃玄液之烛，服上元香丸"。并为"上元香丸"作注云："合众名香，各有分数，蒸炼为香珠，青丝串连，暴令干。又以众香前油为香，又作香汤沐浴，又和作香丸，服之皆有节度；然三十六油灯，又安三十六香炉以相开次，侍灯侍香。昼夜不辍。或百日四十日，注心密念烛灯行香咒愿清真妙辞，凡三十二言，欲召神祇，尽皇文召之，所召所问求仙求生，在意所欲。"

自然斋为七品之一。陆修静《洞玄灵宝五感文》列举的九种斋法中，其六为自然斋。称"普济之法，内以修身，外以救物，消灾祈福，适意研宜"。其自注云："法亦结众，亦可一身。礼谢十方：亦一日三日，亦百日千日，亦可三时，亦可六时。"

指教斋亦称"旨教斋"，为七品之一，是早期天师道的斋仪。陆修静《洞玄灵宝五感文》列举的二等九种斋法中，其九为指教斋。他指出指教斋，以"清素"为贵，因此，"祭酒箓生，共应用，随巨细，无苦时，遭饥食，唯菜蔬。向王之菜，则不得噉；中食之后，水不过齿；思经念道，不替须臾"。

涂炭斋亦为七品之一，是早期天师道仪式之一种。原先斋法极其古朴，在南北朝时期发生较大变化。陆修静《洞玄灵宝五感文》列举的第三等斋仪即是涂炭斋。他称"三元涂炭之斋，以苦节为功，上解亿曾道祖，无数劫来宗亲门族及己身家门无鞅数罪，拯拔忧苦，济人危厄，其功至重，不可称量"。其注云："法于露地立坛，安栏格，斋人皆结同气，贤者悉以黄土泥额、披发，系着栏格，反手自缚，口中衔璧，覆卧于地，开两脚，相去三尺，叩头忏谢，昼三时向西，夜三时向北，斋有中上下三元相连，一元十二日，合三十六日。"

总之，陆修静把天师道原有的一两种斋仪，扩展到包括天师、上清、灵宝各派在内的"三等十二法"斋仪，极大丰富了道教科仪的种类，并对各种斋法的形式和功能都作了较为详细的说明。不仅如此，陆修静还注意将这些斋仪付诸实践，他在元嘉三十年（453）举办过涂炭斋，在泰始七年（471）又举办三元斋，影响很大。这些对后来道教"三箓七品"的传统分类法都起到非常重要的奠基作用。

其次，"十道行"与"十戒律"，对斋戒仪范的基本要求。

道士履行科仪不是普通的日常生活行为，而是面对神灵、沟通人神的神圣行为。因此，道士必须保持严肃、认真的态度。陆修静十分重视行仪戒律，其《洞玄灵宝斋说光烛戒罚灯祝愿仪》说道："夫斋者，正。以清虚为体，恬静为业，谦卑为本，恭敬为事。战战兢兢，如履冰谷；肃肃粟粟，如对严君。至经句辄起礼拜，当一心称善，随意愿念，唯令丹苦，必有感应。太上道眼，恒洞观诸天下之善恶，无有毫遗也。"这是说，道士行斋，关键是心要正。心正就能保持清虚、恬静和谦卑、恭敬的美好品格。秉承这种美好的品格，行仪时就会谦虚谨慎、小心翼翼、严肃恭敬，就好像面对威严的君主一样。念经和礼拜神明的时候，心中要一心称善，随意愿念，只有这样，才能获得感应，让斋主的用意得以实现。陆修静还要求道士在行仪时，"皆当安徐雅步，审整庠序，俯仰齐同，不得参差；巡行步虚，皆执板当心；冬月不得拱心，夏月不得把扇。唯正身前向，临目内视，存见太上在高座上，注念玄真，使心

117

形同丹，合于天典，则为飞仙之所嗟叹，三界之所轨范，鬼神之所具瞻也。不得左顾右盼，更相前却及言语笑谑。有所呵唤，则触忤威灵，四司纠过，五帝结刑，明科所禁，可不慎哉！"

为了保证科仪的严肃性、威严性，陆修静在《洞玄灵宝斋说光烛戒罚灯祝愿仪》中具体提出了"十道行"和"十戒律"。

"十道行"是对道士行斋时提出的十点要求，它们依次是：

（1）香汤沐浴，以精神气，使五体清洁，九孔鲜明，衣服悉净，内外芳馨，延降高真，视接虚灵故也；

（2）废弃世务，断俗因缘，屏隔内外，萧然无为，形心闲静，注念专精；

（3）中食绝味，挫割嗜欲，使盈虚得节，脏腑调和，神气清夷，含养元泉；

（4）谨身正服，斋整严肃，舍离骄慢，无有怠替，礼拜叩抟，每事尽节；

（5）闭口息语，不得妄言，调声正气，诵咏经文，开悟人鬼，会感仙圣；

（6）涤除心意，不得邪想，调伏六根，荡灭三毒，存神思真，通洞幽微；

（7）烧香奏烟，鸣鼓召神，上开三清，普宣十方；

（8）忏谢罪咎，请乞求愿，心丹至诚，谦苦恳恻；

（9）发大慈悲，愍（mǐn）念一切灾厄恼难，咸愿度脱，生死休泰，无复忧苦；

（10）进止俯仰，每尽闲雅，更相开导，言止于道，不得离法，觉有跌误，便即踰失，稽颡忏悔。

"十戒律"则是对道士行仪时的规戒，其内容是：

第一戒者心不恶妒，无生阴贼，检口慎过，想念在法；

第二戒者守仁不杀，愍济群生，慈爱广救，润及一切；

第三戒者守真让义，不淫不盗，常行善念，损己济物；

第四戒者不色不欲，心无放荡，贞洁守慎，行无点污；

第五戒者口无恶言，言不华绮，内外中直，不犯口过；

第六戒者断酒节行，调和气性，神不损伤，不犯众恶；

第七戒者不嫉人胜口，争竞功名，每事逊让，退身度人；

第八戒者不得评论经教，訾毁圣文，躬心承法，恒如对神；

第九戒者不得斗乱口舌，评详四辈，天人咎恨，伤损神气；

第十戒者举动施为，平等一心，人和神穆，行常使然；

陆修静并对行仪时犯戒的道士予以处罚，处罚规定：

坐起不庠序，罚碌半两；

不正坐，罚香二斤；

翻覆香火，罚香半斤；

临行事与外人言，罚香一斤；

侍经不整饰，高座触物，罚香半斤；

语及世务，罚油二升；

语言戏笑，罚碌一两；

翻覆灯油，罚油五升；

巾褐不整，罚香半斤；

内外不豫相检饬，音声高厉，罚油五升；

听经倚据，不执简，罚油一升；

不注念清虚，心想意倦，为众所觉，罚油二升；

起出斋堂，不相关白，罚油二升；

垂发驰步，罚香一斤；

读经忽乱，请问败句，罚油五升；

唱声不齐，罚油二升；

行香不洗手漱口，罚油二升；

坐起揖让失仪，罚香半斤；

巡行不依次第，罚香半斤；

侍香香烟中绝，罚油四升；

都讲不谨唱赞，罚香一斤；

起行来及还坐，不礼经三拜，径去，罚香一斤；

侍灯灯火中灭，罚香一斤；

临烧香突行，罚油一升；

斋主供具不办，触物有阙，罚香一斤；

执纠见过，不弹私隐，罚油六升；

受关不启上，罚油三升；

斋次而因起居逃遁不返为众所纠，罚油一斗、香一斤；

妄言绮语，论及私鄙，罚香一斤、油五升、砵三两。

这些都行之有效地改善了道士各种不当的斋戒行为。

此外，陆修静对于道士斋戒的场所制定了相应的礼仪。天师道创建之初，就设立了靖（靖室、静室）作为道士个人的修持、炼养及祭祀之地。但一直以来由于对靖室没有统一的规划，且多和道士的生活区混杂，难免造成靖室的杂乱污秽。他在《陆先生道门科略》中就指出当时靖室的混乱情况：很多奉道者的家庭根本没有靖室。有的也只是随意找一块地方用栅栏圈围起来，作为治坛，里面杂草丛生，根本没有修除。有的虽然置有屋宇，却没有门窗，家中的猪狗鸡鸭在里面四处游走，粪便满地，甚至没过膝盖。有的名为靖室，家中的锄头、柜子等家具却随意放入，乱堆一气，还经常有老鼠鸡狗公然出入，臭秽难闻。在道教传统里，神灵都是光鲜洁净、超脱凡俗的，若在如此污秽不堪的地方祭拜神灵，是对神灵的大不敬，要想得到神灵的护佑，是绝对不可能的。基于此，陆修静特别规定必须独辟一屋作为靖室，将靖室和道民属于生活区的屋子隔绝，以免对靖室祭祀、修持等神圣的宗教活动造成不必要的干扰。室内也须清虚、素净。陆修静说，靖室内必须清净开阔，屋内只需摆上香炉、香灯、香案和书刀四样必备物品，家中多余的东西不得随意放入，门窗的开闭要通畅自如。靖室必须经常洒水打扫，香炉等物品要保持素雅、干净。道民进入靖室时，神情要恭诚严肃，仿佛神灵就在上面一样。念诵表文时，声音应当响亮有力，不得含糊其辞，抹略而过。

对于道士冠服，陆修静也规定了相应的礼仪。道士冠服是道士平时穿戴的衣裳、帽子和免冠时的簪帔以及在斋戒仪式中穿戴的总称，而道士在斋戒礼仪时所穿的冠服则专称为道士法服。《陆先生道门科略》中说："道家法服，犹世朝服。公侯士庶，各有品秩，五等之制，以别贵贱。"所谓朝服是指中国古代官吏在朝廷礼仪时所穿用的礼服。古代中国朝服等级森严，公侯士庶，品级不同，朝服各异。在陆修静看来，道士的法服也应当像世人的朝服一样，有着高低贵贱之别。道士法服的制定也应当合乎标准，因为法服尺寸的规定是有特定意义的，如上清法服的内帔广四尺九寸，"以应四时之数"，长五尺五寸，"以法天地之气"。道士无法服，则不独妄动，以免触忤神灵。此外，陆修静还对道士在行仪时不同场合的法服也作出明确规定，如《陆先生道门科略》中说，做礼拜时穿褐衣（指粗布衣），但诵经时就要穿肩帔（指披在肩背上的服饰）了，并指责了当时某些道士私自滥穿褐帔的错谬行为。

最后，进表等科仪及其节次，对主要科仪内容的充实。

道教科仪是为沟通神人关系而举行的仪式。科仪既然是一个行仪的过程，必然会包含各种程序、步骤。这种程序、步骤就称为科仪节次。

陆修静的《陆先生道门科略》具体提到了进表科仪。进表科仪是道士行仪时通过表等将斋主的愿望和要求告诉神，传达天庭，从而满足其愿望。"表"是指由道士制作、阐述供奉斋主祈愿的表文。早期道教并没有专门的进表科仪，汉代天师道的三官手书可视为进表科仪的雏形。南北朝时期，道教礼仪日趋繁冗，进表科仪正式形成。《陆先生道门科略》称，当时的斋仪已经不下"千二百官"，有章文"万通"，可见其进表科仪的繁复。陆修静还批评了当时的愚伪道士在履行进表科仪时存在一些不辨文句、喑哑抹略的不端正现象。

在陆修静遗存的道书里更多提到的是科仪节次，如：

散花。散花是道士在行仪时想象神仙銮驾边行进，边诵唱，边散花。道教的散花虽然源自佛教的鲜花供养，但并非真实地抛撒鲜花或纸花，其实只是诵唱散花。既然是诵唱，自然要配备散花词。陆修静《太上洞玄灵宝授度仪》就有散花词多首，其词云："诸天散香华，倏然灵风起"，"灵风扇奇华，清香散人衿"，"香花随风散，玉音成紫霄"，"真人把芙蓉，散花陈我愿"等，供道士行仪时诵唱，每诵完一首，弟子唱"善散花"，礼一拜。

分灯。分灯是道教科仪中将取之于日光的净火点燃坛场灯烛的仪节。科仪中的"灯"意义非同寻常，具有上照天庭、下彻地狱、拔度亡灵的功用，历来备受重视。陆修静在《洞玄灵宝斋说光烛戒罚灯祝愿仪》就设有专门管理灯烛的执事：侍灯。其职能为"景临西方，备办灯具，依法安置，光滔火燃，恒使明朗"。陆修静还规定在行仪过程中若使灯火中灭，则罚香一斤。

礼方。礼方又称礼十方，十方是指东、南、西、北、东南、东北、西南、西北、上方、下方。礼方就是礼拜各个方向的神灵，表示自己的忏谢和悔愆的意思。陆修静在谈金箓斋、明真斋和三元斋等斋法时都具体提到了礼十方。

步虚。步虚是道士在醮坛上边缓步边唱赞辞章采用的曲调行腔，传说其旋律宛如众仙飘缈步行虚空，故得名"步虚声"。《洞玄灵宝说光烛戒罚灯祝愿仪》中有"步虚"一词，指出道士的"步虚"是对天宫中神仙巡行时吟诵之声的模仿，称"圣众及自然妙行真人，皆一日三时，旋绕上宫，稽首行礼，飞虚浮空，散花烧香，手把十绝，啸咏洞章，赞九天之灵奥，尊玄文之妙重也。今道士斋时，所以巡绕高座，吟诵步虚章，正是上法玄根，众圣真人朝宴玉京时也。行道礼拜，皆当安徐，雅步审整，庠序俯仰，齐同不得，参差巡行，步虚皆执板当心，冬月不得拱心，夏月不得把扇，唯正身前向，临目内视，存见太上在高座上，注念玄真，使心形同"。要求道士在步虚时安徐雅步，执板当心，正身前向，临目内视。

值得注意的是，陆修静《太上洞玄灵宝授度仪》已出现了一些基本的科仪节次：发炉、出官、章表、复官和复炉，其各自的含义大致如下：

发炉。一般安排在科仪的开头部分。炉指手持的香炉，炉中燃香一支，高功法师登临仪坛时，手持香炉，清净身心，存神内炼，派遣身内的诸多神官神将向神仙报告修斋的旨意。《太上洞玄灵宝授度仪》"次发炉祝"中说："无上三天玄元始三炁太上老君，召出臣在身中三五功曹、左右官使者、左右捧香驿龙骑吏、侍香玉童、散花玉女、五帝直符直日香官，各三十六人，出关启此间土地里域真官正神。臣今正尔烧香传授，愿得太上十方正真生炁降注臣身中，令臣所启速达，径御至真无极道前。"

出官。类似发炉，高功法师派出身中众多神仙官将，整装晋见最高尊神。《太上洞玄灵宝授度仪》中说："次法师就位东向，弟子还东面西向，伏地法师长跪，又叩齿二十四通出官"，并口诵："谨出臣身中五体真官功曹吏，出臣身中灵宝洞玄三部八景洞天八府飞天上仙官，各二十四人出。"

章表。高功法师将科仪中拟用的文书、章程和表文等提供审查，以共同协助科仪的成就。《太上洞玄灵宝授度仪》"次读表文"中说："重勒臣身中五体真官、官一小吏、十二书佐，严装显服，冠带垂缨，及时操臣拜露真文章表，上诣太上曹，随事进对。误字为易，脱字为益，若言辞倒错，寻逐治正，必使上合，无令上官有所谴却，六天群魔、下官故炁，断截公文，分别关奏，以时上达，伏须告报。"其间还对章表字句的脱落方面明确提出要求。

复官。高功法师存神，将已完成任务的天官神将复召回体内，再叩齿、咽气，以恢复元神。《太上洞玄灵宝授度仪》中的"次法师还向东口启言功复官"，先是礼赞天官神将"营护臣身，禳却千灾万毒，公私口舌，恶人谋议，一切伏匿绝灭太阴之中"的恩德，然后说"臣告盟事讫"，恭请"所请天灵地神，谒还九天，随宜进叙，臣身中玉虚真炁功曹使者、神仙乘骑，各按常次，从紫府玉阁妙门金户而入，周身匝体，缠绕百脉骨节，内填仙炁，外截邪源，炼魂保精，早得飞行。神仙羽骑径升帝宸。咽二十四炁止。"

复炉。复炉一般安排在科仪的结尾部分。高功法师咽气、存神、念咒，收敛内功，将派出的神收回身中，停止存思，恢复常态。经文形式类同发炉，唯咒词略异。《太上洞玄灵宝授度仪》"次复官"中说："臣身中功曹使者、箓上将军吏兵、上章之官，效力事讫，还入臣身中，在左还左，在右还右，安隐九宫六府、金堂玉室、十二关机之中，缠身绕骨，经卫百脉。若有典主保护臣身，直使功曹差次检押，无令错互，须臣后召复出，奉行一如故事。"

陆修静《太上洞玄灵宝授度仪》包含了两个轮次的科仪程序，都是以发炉、出官、章表、复官和复炉为核心步骤的，因而可以说陆修静的《太上洞玄灵宝授度仪》已建立起较为稳定的结构模式，从而创立了具有程序性的科仪体系。这个结构模式为：发炉→出官→章表→复官→复炉，它在后世具有很强的稳定性和通用性。

由于道士在行仪过程中分工明确，管理细化，从而有了专门的仪坛执事称谓。《洞玄灵宝说光烛戒罚灯祝愿仪》就将仪坛执事区分为法师、都讲、监斋、侍经、侍香、侍灯，世称仪坛"六职"。其中，法师主持斋坛科仪，陆修静说法师"当举高德，玄解经义，通真达灵"，即法师须由德高望重、精于斋仪和道法的长者道士担任；都讲主持科仪进行中的唱赞，都讲之职应当"才智精明、闲炼法度"，即通晓科仪程式、精究唱赞法度者担任；监斋监督科仪的进行，陆修静说："司察众过，弹纠愆失，秉执科宪，随事举白，必使允当，不得隐滥"，随时批评、处罚和纠正道士行仪过程中的过失。监斋自己若是监督不力，或是处罚不当，也必须接受惩罚。法师、都讲和监斋三者即是现今统称的高功三法师。侍经是管理和布置坛场使用的各种科仪经书，保证科仪经书的使用及时和清洁完整，不得懈怠；侍香是管理斋坛上的香炉和香，使其终日不灭。陆修静说："当料理炉器，恒令火然灰净。六时行道、三时讲诵，皆预备办，不得临时有阙。"侍灯则是指专门管理灯烛，使其终日朗照的职能。

此外，对于参加科仪的信徒，《洞玄灵宝说光烛戒罚灯祝愿仪》也制定了相应的礼仪。陆修静说善男善女若是信乐道法的话，也可来参加科仪，以受教化，但必须注意相关的礼仪：衣着要洁净整齐，不得敞胸露肩；应当别席坐起，坐在旁听席上，不得掺杂科仪；在观听科仪的时候，必须和声下气，不得更相呼唤，音声高厉，否则就是触忤神灵，冒犯科禁，必将遭到神灵的惩罚；客人及斋主当中，若有哀声惨叫的，也要视为平常，不得慰吊，哀声相对，以免扰乱仪场。

第三，注意完善斋戒科仪的形式。

陆修静不仅注意充实斋戒科仪的内容，还重视斋戒科仪的形式，主要从音乐、书法和文学三个方面加以完善。

音乐艺术方面：

在道教的科仪活动中注入音乐元素由来已久，蒲亨强《道教科仪音乐历史考察》一文中将道教的科仪音乐历史划分为三个时期。东汉为初萌阶段，道教创始人张道陵制作的《旨教斋》就已有简单的斋仪和转经奏乐活动，但其斋仪仪节、表演形式和音乐行为都很原始简陋，音乐以诵经为主，既无定制曲目，也缺乏规范和逻辑；魏晋时期，科仪音乐呈现多元化趋势，已出现笙、钟等多种乐器，并提出了"九天之钧"这一仙乐概念，描述仙乐的空灵玄妙，借此表达神仙道教对正统科仪音乐的理想风格的追求；南北朝时期为正式形成时期。蒲亨强指出，过去学界根据北魏天师道首领寇谦之"一从吾乐章诵诫新法"的说法，认为他创造了一套新的乐章，是科仪音乐的创建人，但实际上寇谦之所造作的科仪中，其节目和音乐都很简单，他的音乐建树主要在于提出了两种唱法：音诵和直诵。前者为有一事实上起伏和简单音调形成的吟诗腔，后者是单音唱法或曲调平直的朗诵调。而对于较为复杂的斋醮、符象及炼丹等科仪和方法、较为高级的理论和神谱等，都没有大的发展。

实际上真正完成科仪音乐传统还有待于稍晚的陆修静。

　　陆修静的音乐素养极其深厚，他曾撰有多种斋醮乐章，《通志·诸子类·道家略》中著录有《升元步虚章》《灵宝步虚词》《步虚洞章》等，对科仪音乐的重视可见一斑。以对陆修静《太上洞玄灵宝授度仪》的分析为例，探讨他对道教科仪音乐传统的创建作用。陆修静之前的科仪书中很少见载曲名、歌词的。寇谦之曾有一部涉及曲目的《八胤乐》，当是反复唱八段的分节歌，但未能流传。而在陆修静的《太上洞玄灵宝授度仪》中，却可以见到纷繁众多的曲目，在后世一直流传，足见其影响之深。这些曲目主要分为散文体和韵文体两种形式，其中散文体曲目有：《发炉祝》《至心皈依十方天尊》《出官祝》《读表文》《送表文》《散花》《上启》《言动复启》《复炉祝》和《上香复炉》等；韵文体曲目则有：《金真太空章》（五言诗四十句）、《卫灵神祝》（四言诗五段）、《五真人颂》（五言诗五段）、《赤书玉篇》（四言诗五段）、《度三部八景》（四言诗三段）、《八会内音玉字天文》（四言诗四段）、《三徒五苦》（五言诗七段），《奉诫诵》（五言诗）、《还戒颂》（五言诗）、《读简竟祝》（四言诗），可以想见科仪曲目极为丰富，音乐性很强，这些在后世成为经典的曲目体系。而且陆修静还具体规定了歌唱的形式和要求，如在传授《五真人颂》时，"依玉诀正音字字解说口授读度"，唱《八会内音玉字天文》时"次读细字，唱度之，横读之也"。

　　在所记载的曲目中有《发炉祝》《出官祝》《复炉祝》等，而发炉、出炉和复炉等，正是陆修静所建构的斋戒仪范模式的基本仪节，这些仪节起着召神请将、存思修炼的重要作用，陆修静在这些仪节中广泛加入科仪音乐。这充分说明在陆修静看来，音乐已不只是一种形式元素，它还具有内修通神的功能，如《太上洞玄灵宝授度仪》中法师在咏唱《步虚词》之前须"想见太上真形中天尊象矣"。蒲亨强《道教科仪音乐历史考察》指出，陆修静认为音乐是检束身、口、心三业，使之不沉沦堕落的重要手段之一，并从理论上将音乐、仪式和修道术结合为一个有内在联系的体系，其《洞玄灵宝斋说光烛戒罚灯祝愿仪》说："身为杀盗淫动，故役之以礼拜，口有恶言绮妄两舌，故课之以诵经；心有贪欲慎恚之念，故使之以思神。用此三法，洗心净行，心行精至，斋之义也。"

总之，陆修静不仅编创了大量丰富的经典曲目体系，而且将音乐与存思、修道有机结合起来，从而真正创建了道教的科仪音乐传统，对道教的斋戒仪范起着至关重要的作用。

书法艺术方面：

道术是道教文化的一部分，由于道术的书符、上章、抄经、注经、赞颂等都涉及书法问题，因此道教书法历来为道教徒重视。陆修静的书法艺术可从两方面来看。

一是反对草书。

草书始创于汉朝，从章草变化而来，又称今草。但汉人仅注重草书的实用性，追求书写速度，并不大注重草书本身，后经晋代二王父子的广泛推行，草书以"飘若浮云、矫若惊龙"的审美趣味和生动气韵成为书坛的宠儿，经久不衰。在草书风靡的时代趋势下，陆修静却逆时而行，对草书表示出强烈的不满,他在《陆先生道门科略》中指责当时的道士说:"愚伪道士,既无科戒可据,无以辨刻虚实,唯有误败故章,谬脱之符,头尾不应,不可承奉,而率思臆裁,妄加改易,秽巾垢砚,辱纸污笔,草书乱画。"陆修静为何戒作草书?主要是因为草书的纵放变态不符合道教的思想意旨。在古代道教徒看来,所有道教活动都是为沟通神人关系而设的活动,因而都是神圣、伟大的;而道教一向主张敛气凝神,因此对书符、书经等的抄写自然应当秉承虔诚之心,端正态度,齐心定虑,不容丝毫放荡。在陆修静看来,草书的放荡肆意与道教精神是相违背的。

二是提倡隶书。

陆修静《洞玄灵宝斋说光烛戒罚灯祝愿仪》中说:"夫万物以人为贵,人以生为宝,生之所赖,唯神与气,神气之在人身,为四体之命。人不可须臾无气,不可俯仰失神,失神则五脏溃坏,失气则颠厥而亡。气之与神,常相随而行;神之与气,常相宗为强,神去则气亡,气绝则身丧一切。"可见他特别强调神、气对人体的重要性,就书法而言,古朴质实的隶体是非常适合神、气的精神炼养的。当初上清第二代玄师杨羲造作上清真经时,就受命要以"隶书"写出。而以陆修静"儒学道士"的特色,他从小就自觉继承儒学家风,自当也秉承汉儒古风,欣赏具有汉儒矜持的隶体,而非过度放达的草体。此外,也有学者认为陆修静提倡隶体似乎还与江东士族拥护汉代传统文化的立场有关。就当时而言,反对草书、提倡隶书的声音主要来自江东士族,而在侨姓士族内部,许多奉道人士出于对艺术的追求,仍然是精擅草书的。

文学艺术方面：

斋戒科仪的经文一般都典雅优美，极具文学特色和艺术价值。这主要是一方面道教认为科仪的经文是传至天庭，给神灵看的，而神又极为高贵、美妙，所以经文自然要写得典雅优美；另一方面，经文唱诵出来要富有感染力，令在场的信众备受感动，所以斋醮科仪的经文一般都要经过道士反复地锤炼、润饰之后才得以完成。

从陆修静现存的经书来看，他也十分注意经文文学色彩的加工。他在《陆先生道门科略》中严厉批评愚伪道士不辨文句、喑哑抹略的粗俗行为，表明他非常重视经文语句以及章表的语言韵律。他的很多经文以诗的形式写出，颇具文学色彩，如散花词、步虚词等。他还用很多新鲜生动的比喻来说明修斋行道，如《洞玄灵宝斋说光烛戒罚灯祝愿仪》中说："持戒之心，当如坠井把绳，不可乍失；务法之意，如壅崩堤，不可间惰；习念之情，如种良田，无有厌足。"这是说，修行守戒时，一丝一毫都不能懈怠，就像是一个坠井的人，必须紧紧把住绳子，倘若稍一松手就会掉进井底；也似堵塞崩塌的堤坝，必须完全堵塞住，若有一处没有堵好，则会全部倒塌；而对道业的习念之情却是越多越好，就好比是耕种良田，永远都不会有满足的时候。可以说，陆修静所列举的这些比喻一方面新鲜、生动，另一方面也通俗易懂，切合广大人民的实际生活和体验，便于下层道众的接受和理解，有利于其统一新道教思想的推广。陆修静在说明解通斋法必须建立在对斋意或斋义理解的基础上这个问题时，也作出比喻："若斯之徒，虽欣修斋不解斋法；或解斋法不识斋体；或识斋体不达斋义；或达斋义不得斋意，纷纷错乱，靡所不为，流宕失宗，永不自觉。譬背惊风而顺迅流，不知沂洄反源，遂长沦于苦海，可不悲哉！"这里他将斋意或斋义比作是源头，斋法好比是支流，只有源头清楚了，才能把握好支流，否则就是顺流而下，长沦于苦海当中。在论及功、德、仁三者的密切关系时，他亦比喻："夫道者，至理之目；德者，顺理而行；经者，由通之径也。道犹道路也；德谓善德也；经犹径度也；行犹行步也；法犹法式也。夫人学道要当依法寻经，行善成德，以至于道。若不作功德，但守一不移，终不成道。譬如人坐于家中而不行步，岂得见道里邪！夫道三合成德，自不满三，诸事不成。三者，谓道、德、仁也。仁一也；行功德二也；德足成道三也。三事合乃得道也。若人但作功德而不晓道，亦不得道；若但晓道而无功德，亦不得道；若但有道德而无仁，则至理翳没，归于无有。譬如种谷，投种土中，而无水润，何能生乎！有君有臣，而无民何宰牧乎！有天有地而无人物，何成养乎！故五千文曰：'三生万物'。"这是说，道好比是道路，若整日坐在家中，不去行步（德），不去实践，是不会得道的。道又仿佛是种子，长放于家中，肯定会坏死。必须种在土壤（德）里，让其生长。但若没有水分（仁）的滋润，这种成长也不会顺利、茁壮。道、德、仁三者关系相辅相成，缺一不可。通过比喻，就将很多抽象的理论问题说得浅显易懂，而且生动形象。既使得经书内蕴浓厚的文学色彩，增强感情，又便于下层道众的准确理解，拉拢了更多的信徒。

五、阐发教理教义

士族家庭的出身令陆修静建立的统一新道教大规模地走向士人阶层，其深厚的儒学素养也使得他最大程度上积极配合当权者的统治政策，促进他的统一新道教向官方阶层的渗入。总的来看，陆修静的这种士人化、官方化的统一新道教实际上是一种文化的整体提升，这种文化的整体提升首先自然体现在他对道教教理教义的理论建设上。

据当代学者卢国龙研究，南朝道教教理教义的思想问题主要体现在两个方面：道体论和道性论。所谓道体论，就是从本体论哲学的高度，如何诠释"道"之蕴涵，这是关于合理性与现象世界的关系问题；所谓"道性论"，则是以"道"本体论哲学作为依据，如何理解人性的含义，涉及本体之道与人的关系问题。

由于《老子》本身所具有的思想经典的含义，民间黄老道派素来都有习诵研述《老子》的传统，但正如葛洪《抱朴子·释滞》所批评的："但暗诵此经，而不得要道，直为徒劳耳。""五千文虽出于老子，然皆泛论较略。"则隐约可见，至少在东晋时期，道人对《老子》在习诵上大多不得要领，在研述上也仅限于泛泛而谈，处于杂乱无章的低层次样态。从有关资料上看，南朝道教理论化、系统地阐释《老子》大概自陆修静开始，唐朝法琳《辩正论》卷六曾谈到"陆简寂、臧矜、顾欢、诸揉、孟智周等《老子》义"，表明陆修静在这方面当有系统之作，实际上，《辩正论》卷八就指出陆修静著有《必然论》《荣隐论》《遂通论》《归根论》《明法论》《自然因缘论》《五符论》和《三门论》八种杂论各一卷，可惜这些著作现已散失，无从考查其中的内容。我们只能根据陆修静现存的部分资料，结合南朝道教的两个思想主题，来总结一下他的教理教义思想。

第一，清虚无为之道的本体论。

针对浮伪竞侈的社会现实以及偏于儒家功业的儒家思想难以适性的局限，陆修静提出了道的本体论问题。他在《洞玄灵宝五感文》中说道，自己生逢末世，社会现实浮夸侈败，教理教法日益败坏，人人都为物欲困扰。如何得以安身立命？陆修静接着说："而我窃守此，法甚日损、归根、食母。卷志谢芳洁之声，开怀受尘垢之污，乞免分竞之斧斤，请保无用以自足。既闲且宴，逍遥永日，研经玩理，时修功德。"这是要以道家的宇宙意识超越儒家的功利性，在"归根""食母"的意义上重建安身立命之道。"归根"即《老子》十六章中的"夫物芸芸，各复归其根。"就是说万物都要复归作为其生命或存在之根源之道。"食母"即《老子》二十章中的"我独异于人，而贵食母"，就是说要像婴儿食母乳一样依赖于道。具体而言，"道"之本性的内涵是什么？陆修静《洞玄灵宝五感文》明确指出："至道清虚，法典简素，恬寂无为，此其本也。"认为道之本质内涵即为"清虚、无为"。孟安排《道教义枢》卷一《道德义》引陆修静语说："虚寂为道体，虚无不通，寂无不应。"可见，在陆修静看来，道之本性只有保持清虚、无为的样态，才能进入"无不通""无不应"的无主而动的自由纯势态。陆修静的这种思想是贯彻始终的，其《洞玄灵宝说光烛戒罚灯祝愿仪》中的"智慧颂"唱词中说："智慧起本无，玄玄超十方。……有有竟不有，无无无不容。"正是强调以无为为本的道体论。

第二，清虚无为之道的修行论。

陆修静强调道之清虚、无为，并不是要像佛教那样从根本上否定整个世界，遁入超现实的彼岸世界，而是着眼于现实社会，以道的宇宙意识来安身立命。

基于此，陆修静特别强调道业的修行。其《洞玄灵宝说光烛戒罚灯祝愿仪》中说，人若有善念、做了好事，上天必有感应，去为他祈福去祸；但若心存恶念、做尽恶事，上天也会知晓，必将给予他一定的惩罚，且不会为他祈福去祸。这是因为居于道教高位的神灵太上老君、元始天尊等都有一副非同寻常的道眼，无处不在，且洞察力极强，世人的善恶，不管多么细小，都难逃他们的道眼。因此，世上每个人都应以慈悲为怀，长行斋法，常建功德。"若不作功德，但守一不移，终不成道。"如果不修斋法、不建功德，即便是坚守道业的志向始终不变，他最终也是不能得道的。陆修静还提出"人能弘道，非道弘人"，宣扬必须通过人们积极能动的修行才能弘扬道业的思想，这就把修斋法、建功德从而得道的理念贯彻得很深。

与清虚无为之道的本体论一致，陆修静认为斋的本质也应是清虚无为的。其《洞玄灵宝说光烛戒罚灯祝愿仪》中说："夫斋者，正以清虚为体，恬静为业，谦卑为本，恭敬为事。"面对社会现实的混浊恶劣，人们只有秉持以清虚无为为本的修行之道，才能化解污浊，走向本善。基于此，陆修静强调以斋法修功德不仅是个人自我修养的提升，更是整个国家社会稳定和谐的基础。他在《洞玄灵宝说光烛戒罚灯祝愿仪》中指出："夫道三合成德，自不满三，诸事不成。三者，谓道、德、仁也。仁一也；行功德二也；德足成道三也。三事合乃得道也。若人但作功德而不晓道，亦不得道；若但晓道而无功德，亦不得道；若但有道德而无仁，则至理翳没，归于无有。譬如种谷，投种土中，而无水润，何能生乎！有君有臣，而无民何宰牧乎！有天有地而无人物，何成养乎！故五千文曰：'三生万物。'"

只有道、德、仁三者的结合才能得道，这正是宣扬以斋法修功德最终得道的理念。值得注意的是，陆修静最后把"道、德、仁""天、地、人"和"君、臣、民"三组的关系用同一组比喻紧密联系起来（如下图所示），致使行斋法、修功德的个人修养上升到社会稳定、自然和谐的整体要求的高度。

比喻	种	土	水
道学	道	德	仁
自然	天	地	人
社会	君	臣	民

再进一步地，如何行斋法、修功德呢？陆修静《洞玄灵宝说光烛戒罚灯祝愿仪》中说："圣人以百姓奔竞，五欲不能自定，故立斋法，因事息事。禁戒以闲内寇，威仪以防外贼，礼诵役身口，乘动以反静也。思神役心念，御有以归虚也。能静能虚则与道合，譬回逸骥之足以整归真之驾。严遵云：虚心以原道德，静气以期神灵。此之谓也！"斋法的要旨即是因事息

事、以动制动，最终乘动返静；以有制有，最后又御有归虚。显然，陆修静对斋法的这种要旨的阐释具有浓厚的辩证哲学特点。

综上所述，陆修静统一新道教的思想具体体现在以下四个方面：

三洞分类思想。陆修静以三洞思想（洞真、洞玄和洞神）对他搜罗到的一千二百二十八卷道经进行整体分类，形成以上清经、灵宝经和三皇经为核心的道教思想体系。

整顿道教组织。针对天师道道团散乱无章的局面，陆修静提出健全三会制、正定命籍，依照功德授箓署职等，对道教的组织进行行之有效的整顿和改革。

完善斋戒科仪。陆修静在斋戒科仪的建设方面可谓成绩显著。内容上，陆修静的三等十二品对现今三箓七品传统有重要的奠基作用；提出有关斋戒仪范基本要求的十道行与十戒律，建立发炉→出官→章表→复官→复炉的结构模式，在后世具有很强的稳定性和通用性；形式上，陆修静编创了大量丰富的经典曲目体系，创建道教的科仪音乐传统，提倡隶书，润色经书文字。

阐发教理教义。针对浮伪竞侈的社会现实以及偏于儒家功业的儒家思想难以适性的局限，陆修静提出了以清虚无为为本的道体论以及清虚无为的修行论。

第 6 章

布袋崖魂

一、遗命弟子

心灵扭曲的后废帝刘昱

陆修静在崇虚馆的最后时光，刘宋政局依然动荡不安，刘宋皇帝更是变本加厉地为所欲为。泰豫元年（472）四月，宋明帝刘彧病死，不满十岁的太子刘昱继位，史称后废帝。这又是一个心灵严重扭曲的人，虽然年纪尚小，作为堂堂的一个皇帝，却整天到处游玩。后废帝喜欢玩的东西千奇百怪，他喜欢爬竿子，不在上面待上半天不下来；还喜欢无目的的狂奔，而且一边跑还一边挥舞梃矛、锯凿，不管碰到什么东西，由着性子任意刺杀，见鸡杀鸡，见狗杀狗，见到人就砍人。他曾经亲自带兵冲进领军萧道成的家里，看到萧道成露着大肚皮睡午觉，就突发奇想，在萧道成肚皮上画上圆圈，准备当作靶子练箭。萧道成站起身，板着脸说："老臣无罪。"这时旁边一个人提醒后废帝说，像萧道成这样好的靶子，射死了就没了，不如改用冰箭射。冰箭射到人只会疼痛，不会射死人的。于是后废帝就用冰箭射，一弓就射中萧道成的肚脐眼，他丢下弓哈哈大笑道："我有两下子吧!"身边的人都胆战心惊。

后废帝在位短短几年，杀人无数，而且他喜欢亲手杀人，一日不杀人，就闷闷不乐。性情喜怒无常，左右稍有不合心意，就拳脚相向。太后经常诚心劝诚，令他大为光火，恼怒异常。有一次，太后赐给他一把扇子，他嫌扇子不好看，居然令太医煮药，要下毒杀死太后，左右随从劝说他：如果做了此事，太后真的死了，你就要行孝，不能出去玩了。他听了说：你的话大有道理。方才作罢。

心系庐山

此时住在崇虚馆的陆修静虽然在有意识地站在权力政治圈之外，自觉地保持其纯宗教的本位立场，但既然崇虚馆处于皇室的势力下，自然免不了要受到当今统治者的种种命令。可以肯定，泰始七年（471）为宋明帝刘彧举办三元斋也显然包含某些命令的成分。尤其是在昏淫无道、喜怒无常的后废帝的统治下，陆修静一定饱尝了充当统治者工具的内心痛苦，幸好能用救济天下、济世度人的弘天大道来不时地化解自己。因此，他依然秉承"人能弘道，非道弘人"的信念，坚守自己的安身立命之道，一面行斋法修功德，一面广收道徒，城隆阐教。元徽二年（474），桂阳王刘休范以废皇帝之名造反，很快被萧道成平定，惨遭屠杀，尸首横逆，暴骨蔽野。由于他是叛贼，无人敢为他收埋。陆修静不计世俗，不惮危险，将他的尸首收集完整，穿戴整齐，装入棺椁，给予安葬。"立德施仁，皆此类也"。陆修静用自己的实际行动为当时社会树立一个良好的道德榜样，从而也扩大了道教在社会上，特别是在统治阶级内部的影响，成为名副其实的朝野宗师。

住在崇虚馆的日子里，陆修静虽然在积极从事道学著作、道教道义推广的活动，但是，庐山的简寂观却一直藏在他的内心深处，日益魂牵梦萦着。尤其是当这个社会现实的浮伪竞侈已达到无以复加的地步时，陆修静更想回到纯净、幽隐的庐山。然而刘宋皇帝唯恐失去陆修静这块金字招牌，一直多方留驾，一再拒绝他"固请还山"的要求，使得他在生前再也没有踏上庐山的片寸土地。元徽五年（477）一月二日，陆修静突然对弟子说："我就要回到庐山去了，你们也准备出发吧。"弟子们听了都觉得很奇怪，依照目前皇宫的形势来看，皇帝准许陆修静回庐山似乎是不可能的，便都以为是师父对庐山刻骨思念之下产生的怪异之言，也就没怎么在意。没想到，时隔两个月，即这年的三月二日，陆修静就安然逝去了。死时他肌肤光辉，明目朗照，神采焕然，满室异香，弟子们这才明白师父生前那段话的真实含义。原来，师父是生不能回庐山，死也要和庐山永远相伴啊。对庐山的眷恋居然如此之深！

临终前，陆修静就遗命弟子，要他们在他死后，把遗体装入平时常用的那个布袋里，运回庐山之后，将其尸体连同布袋都投入简寂观旁的山谷里。弟子们谨遵遗命，将师父带回了庐山，但在最后的抛尸时，都不忍心看到师父暴尸于荒山野岭，于是将他的尸体连同布袋一起安葬在简寂观附近的一座小山崖上。从此以后，这座小山崖便被称为"布袋崖"。

二、天人合一

在中国古人看来，人的精神和肉体是被区分为魂魄两个部分的。其中，魂属于人的精神，魄则属于人的肉体。人活着的时候，魂魄是结合在一起的。人死以后，魂魄就会分开。《礼记·郊特牲》中称人死以后，魂气归于天，形魄归于地。《说文解字》解释魂是阳气，魄则属阴神。中国人历来重视养生送死，因之对于属于肉体之魄的安葬方式也颇为讲究。考古发掘，山顶洞人的遗址就发现有八个不同个体的人类化石。在这些人骨化石周边还有石珠、骨坠和有孔的兽牙等随葬品，上面还洒有紫红色的赤铁矿粉，可见当时已经有了一定的安葬观念和丧葬仪式。大约在六七千年前的仰韶文化时期，在安葬时开始使用棺，那时的棺是石棺和瓦棺。在五千年以前的大汶口文化时期，则出现了木棺。随着社会的发展，各个朝代的丧葬规模越来越大。夏商时期，商王和贵族的安葬，墓室非常讲究，有的达到三百余平方米，随葬品十分丰厚。安阳"妇好"墓出土的随葬品，计有青铜器四百六十余件，玉石器七百五十余件，骨器五百六十余件，其他海贝类七千余枚。汉代踵事增华，更加讲究安葬排场。汉墓坟丘普遍高大，配套建筑众多，葬具豪奢，随葬品丰富，以致形成"厚葬为德，薄葬为鄙"的厚葬风气，造成人力、物力的巨大浪费，影响社会生产的发展，从而也招致一些有识之士的指责。如东汉王充《论衡·薄葬》中就指出贤圣之业皆以薄葬省用为务，对时下的厚葬风尚十分不满。

与世俗的厚葬风气不同，道教则提倡薄葬，这与道教对阴阳魂魄的独到理解有关。道教虽然继承中国古代"魂"为神、神属阳，"魄"变鬼、鬼属阴的思想，如《云笈七签》卷九十二"仙籍语论要记"称："神者魂也，降之于天。鬼者魄也，经之于地。"但它对魂魄的解释却更为详细。《云笈七签》卷五十四"魂神"条说，人身上有三条魂，一条魂主命，即生命之魂，一条魂主财禄，即智慧之魂，还有一条魂主灾衰，即欲望之魂。同卷"制七魄法"条则指出人有七条魄，七魄分别名叫尸狗、伏矢、雀阴、吞贼、非毒、除秽和臭肺，这七魄都是人身内的浊鬼，做的都是坏事、恶事。如果说，魂能升天，那么魄只能归于地。因此，在道教看来，人死以后的肉体是要回归大地，和大地融为一体的，而且既然七魄都是人身内做坏事的恶鬼，那么对它的安葬自然不宜大肆张扬，当以薄俭为度。

道教提倡薄葬，也是出于死亡是天道运行的自然规律这一点。《冲虚至德真经》卷十七《杨朱》篇中说，万物在生时虽然是不同的，但死却是相同的。生的不同体现为贤愚贵贱的各异，死的相同则体现在万物都归于腐臭消亡上。然而不管是生时的贤愚贵贱，还是死后的腐臭消亡都不是取决于人的自由意志，而是天道运行的结果，它们不过是天道运行的各种表现罢了。从这层意义上讲，生不是生，死不是死，贤不是贤，愚不是愚，贵不是贵，贱也不是贱。万物齐生齐死，齐贤齐愚，齐贵齐贱。因此，人死了以后，烧掉也可以，沉没在水里也可以，掩埋掉也可以，露在外面也可以，穿上破衣扔在沟渠里也可以，穿上绣花衣服放在棺材里也可以，一切都是一样的，只要顺应天道就行。《杨朱》篇中的这种齐生死的思想显然来自《南华真经·至乐》篇中庄子的故事。庄子在妻子死后，不但毫无哀戚之容，反而盘着两腿敲着瓦盆高声唱歌。前去吊唁的一位叫惠子的朋友觉得非常不可思议，就指责他说，你的妻子为你养儿育女，和你朝夕相处，现在她死了，你不哭也就罢了，还要敲盆唱歌，不是太过分了吗？庄子解释说，她刚死的时候，我也是很悲痛的。可是静下心一想，人本来就是没有生命的，也没有形体，甚至连呼吸气息也没有。在一片若有若无的混沌之中，变成了有气，变成了形体，又变成了生命，现在又变回了死。因此，人的生死变化就像春夏秋冬四季的变化一样，都是自然合于天道的结果。现在我的妻子说不定在哪个大房子里安然睡觉呢，我还有必要在这里哀哀凄哭吗？所以我要停止哭泣，这样才算是真正懂得生命的真谛呀。

受庄子齐生死思想的影响，即使是在厚葬衍成风气的汉代，道教无论在理论还是实践上都自觉地提倡薄葬。早期道教经典《太平经》卷三十六"事死不得过生法"中说，上古时期圣人办理丧事，不过讲究诚心而已，并没有大肆操办。人的死丧其实是天下大凶恶的事情，对这种凶恶之事大讲排场是有害的，只要心到就够了。所以那时的人大都能得到神灵的护佑，因而处境顺利、无病无灾、安享天年；中古时期的人们办理丧事，开始稍微讲究排场。然而一旦注重排场，就不能做到诚心致哀。而且由于注重丧礼的排场，耗费人力财力，使活着的人受罪，得不到神灵的福佑，致使那时的人经常生一些各种各样的小病；下古时期延续了中古的厚葬风气，对丧礼的排场更为讲究，可以说是有过之而无不及。一旦有了丧事，不是去注重内心的诚心致哀，却只讲究厚葬的规模，造成人力、物力的巨大浪费，使活着的人大大受罪。这种行为是既失法度，又极不真诚，因而不能受到天神的感动，甚至连鬼神也不愿前来饮食。而且，对属阴的肉体大肆张扬，是阴气兴、邪气盛，阳气弱、正气败的表现，这种阴阳颠倒、正邪沦坠的现象致使社会伦理失常，臣下欺上，子欺父，民众百姓也昏昏然，国家可谓岌岌可危，把薄葬提到关乎国家社稷存亡的高度。

在这一时期，《汉书》卷六十七《杨胡朱梅云传》记载了一个名叫杨王孙的人，可以说是道教人士中将薄葬进行得最为彻底的人。杨王孙心向玄门，从小就修习黄老之术。他家里很有钱，生时的奉养以及死后的花费根本不用发愁。可他临终时向儿子交代后事，却要求薄葬，甚至不要棺材，只用一个布袋裹尸体，放到地下七尺，然后从脚处将尸体脱出布袋，使自己的身体同泥土亲和在一起。杨王孙这样做，正是一个道家提倡薄葬思想的奉行者，并以自己的实际行动矫正当时社会的厚葬风气。

陆修静也是如此。他作为一名德高望重的道士，为人举办葬仪自然已有多次，就连那个失败被杀的桂阳王刘休范，陆修静也为他准备棺椁，予以安葬。可是，自己到最后却以布袋葬崖，连一副棺木也不曾要。而按照他自己的本意，竟是要露尸山谷。陆修静这样做，正是用一种最直接的方式将自己融化于天地之间，在天地终接的大自然中安身立命、返璞归真，实现天人合一。

第 7 章

历史地位与影响

一、有实无名的"国师"

自从泰始七年（471）奉诏入京并坐镇崇虚馆以来，陆修静无论在朝廷还是民间都名声高涨，达至鼎盛。《上清道类事相》卷一《仙观品》引《道学传》说他"大敞法门，深弘典奥。朝野注意，道俗归心。道教之兴，于斯为盛也"。唐代高僧释道宣也称他为"道门之望"。陆修静去世后，朝廷诏谥他为简寂先生，取"止烦曰简，远嚣在寂"之意，庐山的太虚观被赐名为简寂观，影响深远。

陆修静虽然不像寇谦之那样被正式敕封为"国师"，但实际身份则与所谓的"国师""帝师"相当。陆修静死后不久，当时担任萧道成的记室参军孔稚珪曾给陆修静一位著名的弟子李果之写信说："先生（指陆修静）道冠中都，化流东国。帝王禀其规，人灵宗其法。"并希望他能"整辑遗踪，提纲振纪"，继承先师的伟大事业；唐人王悬河题名修撰的《三洞珠囊》也说："帝先师陆元德，元德卒，又师事法先，尽北面之礼。"从这些言论中都可看出陆修静事实上的"国师""帝师"地位。"法先"即刘法先，彭城（今江苏徐州）人。据马枢撰写的《道学传》说："刘法先为馆主，封国师。"陆修静去世后，崇虚馆馆主的位置便由刘法先继承。为何刘法先有国师封号，陆修静却没有？这显然与陆修静淡泊名利、不计世俗的出世心态有关。当年陆修静致力于天师道的研究，针对天师道团组织的整顿、改革著成《陆先生道门科略》一书，对天师道可谓贡献巨大，以致民间盛传"将来必当天师"的预言，但陆修静自己却从来没有任何"自居天师"的行径。他后来奉诏入朝，在两次高规格的辩论会上谈锋甚健、表现卓异，赢得宋明帝刘彧的极度尊崇，面对宋明帝高官厚禄、至上荣誉的许诺，陆修静却不屑一顾，俨然拒绝。正如南朝梁人沈璇在《简寂观碑文》中称他"心怀寡欲，性蓄兼善，忘为栖住，城隆阐教"。吴筠《简寂先生陆君碑》也赞他"忽荣禄，辞嚣尘。餐霞景，甘隐沦。道弥高，声益振"。可以看出，对于名利地位，陆修静丝毫不作计较，甚至是在有意识地排斥，让自己在最大程度上保持纯粹的宗教立场。

二、误解、歪曲与光环

然而，这样一位高道，正史《宋书》《南史》却都没有为他专门立传，致使陆修静很多的活动事迹湮没无闻，令后人无从知晓。因为陆修静的晚年以及死后几年正处于政局溃乱、人心涣散的刘宋晚期，朝廷政府无暇顾及对本朝前代君臣纪传的编写，使得宋朝国史的编撰陷于"缺而不续"的困境，导致陆修静在传记史上成为空白。更重要的是，陆修静一生勤于著述，"凡撰记议论，百有余篇"，"所著斋戒仪范百余卷"，如《道德经杂说》《归根论》《升玄步虚章》等，但绝大多数都已亡佚。现在留存下来的只有《陆先生道门科略》《洞玄灵宝五感文》《太上洞玄灵宝众简文》《太上洞玄灵宝授度仪》《洞玄灵宝斋说光烛戒罚灯祝愿仪》等各一卷，北宋张君房《云笈七签》卷四存有陆修静的《灵宝经目序》，另有部分内容散见在蒋叔舆的《无上黄箓大斋立成仪》里。我们现在只能依据道教典籍中的一些相关记载和碑文等材料，对陆修静的活动事迹及其思想进行梳理，但这些材料或者简短扼要，或者残缺不全，在客观上限制了对陆修静的研究。

此外，陆修静一生之中虽然招收了大量的门徒，但绝大多数都湮没无闻，未有建树。他的两位名气较大的弟子，一位是前面提到被孔稚珪寄予厚望的李果之，而李果之后来未见有任何作为；另一位是浙江东阳人孙游岳。孙游岳在陆修静去世后，就回到缙云山隐居去了，此后虽然被启用为兴世馆馆主，却未见有什么重大的理论著述，抑或盛大的宗教活动。孙游岳有弟子百余人，只有大名鼎鼎的陶弘景是唯一的入室弟子。孙游岳将经法诰诀悉心传授给他，但陶弘景倾心于上清经法，对孙游岳延承陆修静的统一新道教思想热情不高，后来他承传上清经箓，自己创立了茅山上清宗。因此，陶弘景虽然名为陆修静的再传弟子，但其实早已另创基业，对陆修静的道教思想并没有多少承传，更谈不上弘扬了。

陆修静作为南朝道教事实上的一代帝师，对当时及后代的道教发展自然影响很大。但正史没有为他立传、著书文献的缺失以及后继乏人等原因导致了陆修静在道教史上的影响相对来说比较沉寂。比如唐代是道教发展的鼎盛时期，李唐王朝尊奉老子李耳为帝王宗祖，将道教列为三教之首。不过他们对陆修静却不大重视。好道的唐玄宗在《天宝七载册尊号赦》文中称赞道教前辈宗师，说了杨羲、许谧、许翙、张道陵和陶弘景五人，并没有陆修静；唐初修撰的《隋书·经籍志》，在"道经"的序言中历叙道教史事，讲到陶弘景和寇谦之，也未曾提到陆修静。明清两代，由于道人热衷于内丹的冶炼，陆修静不预其流，加之道教总体上的衰败形势，陆修静的名字很少提起，其思想、地位也就更少被关注了。一直到近代，对陆修静的研究总体上还显得比较冷落，很多大家如陈寅恪、吕思勉、傅勤家、侯外庐等在研究道教史或道教思想时都没有注意到陆修静或对其关注不够。

总的来看，在陆修静去世后，贯穿在他身上的有不理解、误解甚至是歪曲，当然也有挥抹不去的缕缕光环。

由于陆修静为天师道的改革、整顿作出了重大贡献，后人便把陆修静建立的统一新道教称为南天师道，与北魏寇谦之创立的北天师道相对应。这种说法即便在现代学者的研究成果中还屡屡可见。其实，对天师道的改革、整顿只是陆修静的早期思想。《陆先生道门科略》便是这一时期道教思想的体现。437

年，在陆修静三十二岁那年，他就以三洞弟子自称编撰《灵宝经目》及《灵宝经目序》，这表明，陆修静至少从三十二岁开始就已建立比较成熟的以三洞为主要内容的统一新道教思想。事实上，即便是在早期的专门针对天师道改革、整顿中，陆修静也在有意识地创立三洞思想了。他在《陆先生道门科略》中谈到斋戒仪范时，明确指出要以三洞轨范为准，所谓"三洞之轨范，岂小道之所预？"认为三洞思想与那种拘于某一道派的狭隘思想是不同的，它是客观、整体而又全面的，只是陆修静那时的三洞思想还不大明确，在经过长期的广收道籍和兼收并蓄的工作之后，其三洞思想才渐自走向成熟。

歪曲来自佛教方面。梁代僧人慧皎撰写的《高僧传》卷八《道盛传》中记载了一段与陆修静有关的故事。说是丹阳尹沈文季曾在天保寺召开大型的辩论会，主要辩论双方是陆修静和释道盛。在这一次辩论会上，释道盛说理畅达，语词俊朗，气势充沛，还不时用言辞噱头攻击嘲笑对方，令其难堪。双方的言语反击之间，释道盛都能应付自如。在释道盛的强盛气势下，陆修静显得笨嘴拙舌，既无力接招，又无法畅然表达自己想说的，最后只得满脸惭愧地败下阵来。无独有偶，释道宣《广弘明集》卷四《叙齐高祖废道法》也有类似的情节，说陆修静在梁武帝舍道时叛入北齐，并在天保六年（555）与僧人辩论对抗时遭遇失败，导致北齐废除道教。事实上，这两则故事都纯属捏造。按沈文季从吴兴太守升任丹阳尹是在升明二年（478），而陆修静已在此前一年（477）去世，不可能去参加沈文季的辩论会，更不可能跑到此后的梁武帝时代与僧人进行辩论会。佛教方面之所以要虚构这两个辩论故事，大概出于对陆修静曾在宋明帝授意下的两次高规格的辩论会上能言善辩、势压佛儒的卓异表现极度不满，时隔多年，这种心理创伤还在，故而杜撰故事发泄私愤。

除了误解和歪曲之外，陆修静对后人的影响更有那不容抹去的光环。陆修静在唐代官方正统道教不受重视，但在民间意识形态里却享有名气，如上文所提，他遗留在庐山的简寂观一直是庐山道教最重要的宫观和最大的道教修炼场，香火极旺，受到很多高道、名人、文人的朝拜与称赞，宋人对陆修静的推举更是不遗余力。宋代是儒释道密切融合的时代，如宋初名僧智圆提出"修身以儒，治心以释"的主张，还赋《湖居感伤》诗曰："礼乐师周、孔，虚无学老庄。"因着这种儒释道三位一体的思想潮流，隐喻儒释道融合的传说"虎溪三笑"开始在宋代盛传，文人墨客纷纷题笔诵唱，一时之间，陆修静的名声赫然，在神秘而又温馨的神话传说中不断闪耀着。

与此同时，宋代道教中的一些宗派在自构宗谱时，也纷纷将陆修静纳入其中。茅山上清宗就把陆修静列为上清宗师，成为继魏华存、杨羲、许谧、许翙、马朗、马罕之后的第七代宗师；合皂山灵宝宗以葛玄为祖师，尊奉他为太极葛仙公，但也把陆修静列为他们推举的宗师之一。尤其是两宋之际从灵宝宗分化出来的东华派，对陆修静的推扬更为着力。据《灵宝领教济度金书》卷一《嗣教录》载，东华派创始人宁全真的师父田灵虚道士，曾经在庐山与陆修静相遇，并玄受三洞经教，这当然是为了神化自己而造作的神话，但陆修静的至高地位却由此可见一斑。东华派是比较注重斋醮科仪的派别，其创始人宁全真在《上清灵宝大法·斋法宗旨门》中追溯斋醮科仪传统时，就注意到了陆修静，把陆修静、张万福和杜光庭尊为三大斋醮科仪大师，其中，陆修静"始明授受""别三洞四辅之目"，于是"斋法昭布""次序乃成"，其始创之功尤为可贵，不容抹杀。此后，这种以陆修静为首的三大科仪大师的观念得到道教界的认可，成为共识。如南宋蒋叔舆《无上黄箓大斋立成仪》卷三八《圣真班次门》将陆修静、张万福和杜光庭三人列为"静默堂师位"；明代周思德《上清灵宝济度大成全书》卷三六《文检立成门》有"申科教大师"，即为陆修静、张万福和杜光庭三位真人。

由于宋人对陆修静的大力推举，陆修静再次从民间走向官方，开始得到官方正统道教的高度认可。宣和年间（1119～1125），宋徽宗特地为陆修静追加封号，《宣和封陆简寂真人诰》曰：

> 朕惟前古高蹈之士，名迹不泯，而称号未称者，所以追显之。简寂先生陆修静，真精内得，遗经垂范，而脱然超世。庐阜故隐，有祠至今，考实定名，礼以真人之号，非特用襃往躅，亦俾后之闻风者，知道之所在而勉焉。可特封丹元真人。

明清两代，陆修静的名声虽然渐渐沉寂，但明代正统道藏的编纂却是对陆修静三洞思想的最好推扬。《正统道藏》是我国现存的唯一官修道藏，由明代皇帝敕令正一道（即天师道）天师编修。历时长久，从明成祖即位之初（1403）到明神宗万历三十五年（1607）长达二百年，经历了四十三代天师张宇初至五十代天师张国祥八代天师。《正统道藏》采用千字文为函次，按三洞、四辅、十二类分类。三洞即洞真、洞玄和洞神，直接延续了陆修静的三洞思想。此后，历代《道藏》的编撰都依此分类，影响深远。现今通行有文物出版社、上海书店和天津古籍出版社联合出版的《道藏》影印本。

　　基于三洞思想的深远影响，现代学者已越来越意识到陆修静在道教史上的重要地位。章冠英主编的《十大道士》，列举中国最有影响的十大道士，陆修静赫然名列其中，被称为三洞道士，与道教鼻祖张道陵、帝王之师寇谦之和山中宰相陶弘景等其他九大道士并列。

附 录

年 谱

406 年（义熙二年）　出生于浙江吴兴（今浙江湖州市）的东迁镇。父亲陆琳九征不起，死后被封为"高道处士"。

425 年（元嘉二年）　少宗儒学，早早地娶妻生子，踏入仕途，但也受到道学气息浓厚的家庭氛围影响，心向玄门，坚守朴质之道。二十岁时全身投入道教，开始致力于天师道的研究。在家修炼道教方术之后，弃家入山隐居，初隐云梦山，后隐仙都山。针对天师道改革整顿的《陆先生道门科略》一书可能就作于这一时期。隐居期间有两次下山的事迹见于史料记载。一次是下山寻药，经过故乡，女儿突发暴病，危在旦夕，拒绝为其医治，拂衣出门。走后一天，女儿病愈；第二次是为治疗自己的肺虚之病下山买药，置放药品的房间突然着火，他认为这是上天神灵之意，制止弟子扑救，过了几日，果然病愈。之后开始游历各地，足迹踏遍大半个中国。道行渐高，感悟神灵，成为神仙道士。游历的同时还注意搜罗、整理道教典籍，对各家道派兼收并蓄，统一新道教的思想渐自成熟。

437 年（元嘉十四年）　着手刊正《灵宝经》，以"三洞弟子"自居，编成《灵宝经目》及《灵宝经目序》，影响很大。其道名开始在江南一带远播。

453 年（元嘉三十年）　到京师建康（今江苏南京）卖药，受宋文帝刘义隆邀请入宫讲授道法，侃侃而谈，赢得宋文帝及其妃子的尊崇。但因无法容忍好佛的宋文帝对道教三心二意的态度，毅然退出宫廷。不久，"太初之难"爆发，人心骇疑。冬天，率众弟子举办涂炭斋，希望以苦节为功，洗清世人罪恶。并著《洞玄灵宝五感文》，宣扬"五感文"，作为修斋者的精神支柱。之后开始在江南一带云游。

461年（大明五年）　结束八年的江南云游，来到山清水秀的庐山隐居，并在庐山东南麓的金鸡峰下兴建规模宏大、构造壮异的太虚观，在观内建置道藏阁，研磨道经。

467年（泰始三年）　接受宋明帝刘彧的再三诏请，出山赴京，并在宋明帝为他举行的两场高规格辩论会上，舌战群雄，驳难解疑，表现卓异，赢得宋明帝青睐，为他在建康北郊专建崇虚馆。

471年（泰始七年）　完成第一部道教典籍目录专书——《三洞经书目录》。同年举办露天三元斋，替宋明帝禳除病患。在斋事第二十天晚上二更时分，堂前突然产生黄气异象。

474年（元徽二年）　为造反败杀的桂阳王刘休范收尸入棺，给予安葬。

477年（升明元年）　三月二日在崇虚馆安然逝世，死时肌肤光辉，神采焕然。弟子谨遵遗命，奉遗体还庐山，将其遗体连同布袋一起安葬在简寂观附近的小山崖上，小山崖由此被称为"布袋崖"。陆修静死后，朝廷诏谥他为简寂先生，取"止烦曰简，远嚣在寂"之意，庐山的太虚观被赐名为简寂观。宋徽宗宣和（1119~1125）年间，陆修静被敕封为丹元真人。

主要著作

1.《陆先生道门科略》一卷，今存《道藏》第24册，文物出版社、上海书店、天津古籍出版社联合出版，1988年版。下同，不再说明。

2.《太上洞玄灵宝众简文》一卷，今存《道藏》第6册。

3.《洞玄灵宝五感文》一卷，今存《道藏》第32册。

4.《太上洞玄灵宝授度仪》一卷，今存《道藏》第9册。

5.《洞玄灵宝斋说光烛戒罚灯祝愿仪》一卷，今存《道藏》第9册。

6.《灵宝经目序》一卷，今存《道藏》第1册《云笈七签》卷四部分。